¡Sssssshhhhhhhhhh!

Haz del teatro algo íntimo

Llévalo siempre en el bolsillo

Cubierta y diseño editorial: Éride, Diseño Gráfico
Dirección editorial: ángel jiménez
Coordinador de la colección: Javier Llanos

Primera edición: junio, 2025

las troyanas
© Carlota Ferrer
© Isabel Ordaz
© VdB, 2025
Espronceda, 5
28003 Madrid

VdB

ISBN: 979-13-87644-28-4
Depósito Legal: M-13356-2025
Diseño y preimpresión: Éride, Diseño Gráfico

Este libro protege el entorno

las troyanas

versión del original
de Eurípides

Esta obra se representó dentro de la programación
de la 71a edición del Festival Internacional
de Teatro Clásico de Mérida.

Dirección: Jesús Cimarro.

Isabel Ordaz (Madrid, 1957)
Actriz de cine, teatro y televisión ha protagonizado, entre otras obras, *Algún amor que no mate*, *La dama boba*, *Electra*, *El caso de la mujer asesinadita*, *Los días felices*, *La asamblea de mujeres*, *Luces de bohemia* y *Lúcido*. Ha llevado a escena espectáculos de producción propia, como *Aliento de equilibrista* (siendo autora de la obra junto con Paloma Pedrero), *Nonadas*, *Partitura teatral* o *Los días felices*. Es autora de varios poemarios, como *Flor de alientos*, *No sé*, *Poemas de Palestina*, *El agua de la lluvia tiene algo* o *La geografía de tu nombre*, y del libro de relatos *Despedidas* así como del libro sobre su experiencia como sobreviviente de cáncer, *La vida en otra parte* (2024).

Carlota Ferrer (Madrid, 1976)
Creadora multidisciplinar. Directora de escena, actriz, diseñadora de vestuario, espacio escénico y coreógrafa. Compagina la gestión cultural de entidades privadas como Draftinn y públicas como la dirección de la 37º Edición del Festival de Otoño y la dirección artística del Corral de Comedias de Alcalá de Henares 2017 y 2018. Ha dirigido *Tiresias* en la 70ª edición de Mérida, escrita por ella junto a Joan Espasa y José Manuel Mora. Ha dirigido *Los nadadores diurnos* de J.M. Mora, *El beso de la mujer araña* de Manuel Puig, *Esto no es la casa de Bernarda Alba*, *Los cuerpos perdidos* o *El último rinoceronte blanco*, entre otros.

CARLOTA FERRER
ISABEL ORDAZ

las troyanas

versión del original
de Eurípides

VdB

Esta función se estrenó en el Teatro Romano de Mérida
el 13 de agosto de 2025, interpretada por
Isabel Ordaz (HÉCUBA), Mina el Hammani (HELENA),
Cristóbal Suárez (TALTIBIO), María Vázquez (CASANDRA),
Esther Ortega (ANDRÓMACA), Abel de la Fuente (ASTIANACTE),
Selam Ortega (BAILARINA) y Carlos Beluga (MENELAO).

Dirección: Carlota Ferrer.

Personajes
(Por orden de aparición).

POSEIDÓN
ATENEA
HÉCUBA
TALTIBIO
CASANDRA
ANDRÓMACA
ASTIANACTE
MENELAO
HELENA

5   2

Prólogo

POSEIDÓN Yo, Poseidón, dios de los mares, estimados
ciudadanos,
a vosotros dirijo mis palabras.
Troya es saqueada mientras arde
y junto a las gradas del altar de Zeus, dios
del hogar,
el eco del silencio resuena más que la vida
que solía habitar aquí,
Troya se enfrenta a la destrucción.
Las mujeres hoy son las protagonistas,
arrasadas por el conflicto gritan justicia.
Las mujeres esperan entre lamentos,
las mujeres esperan con incertidumbre el
cruel destino que las aguarda,
serán sorteadas entre sus captores,
algunas han sido reservadas para los guerreros
que más sangre han derramado.
¡Adiós, oh, ciudad antaño feliz!
Adiós, hermosos muros que ahora yacen
despojados como vestigios de un
pasado glorioso
Si no fuera por la ira de Atenea, hija de Zeus,
aún te alzarías orgullosa sobre tus cimientos.
Tu que fuiste cubierta de oro por Apolo,
leyenda del oprobio serás para las
generaciones venideras.

(*Aparece* ATENEA.)

ATENEA   Poseidón, los griegos regresan a su patria después de saquear Troya.
Regresan como arrogantes usurpadores de lo sagrado.
Su victoria y su insolencia desafían nuestra autoridad.
Es hora de que comprendan que el poder de los dioses no es un juego.

POSEIDÓN   Atenea, tú has navegado en sus mismas aguas.
Has sido su excusa, su estrategia y su guía, los has inspirado y protegido.
Por qué cambias de parecer.
Qué te hace pensar que me uniré a ti en tu venganza.
Por qué los abandonas.
Mientes ahora o mentías antes.

ATENEA   He visto cómo deshonran nuestros templos.
Cómo pisotean la sabiduría de nuestros ancestros.
Su regreso ha de ser un viaje de aprendizaje, no de triunfo.
Las guerras también se ganan con el hambre, el frío y el asedio.
Provoquemos una tormenta que haga tambalear sus naves, un cataclismo que les muestre el abismo que han cavado con su soberbia.
Haz tu magia con el trueno, que el golfo de Eubea se llene de cadáveres.

POSEIDÓN Necesitamos un relato.
Uno que resuene en sus corazones y sus
mentes.
Desataremos terremotos y tormentas,
removeré el mar con huracanes, cada
desastre hará temblar sus corazones.
Comprenderán que su orgullo tiene un
precio, han ofendido a los dioses.
Su desafío no quedará sin respuesta.
¡Necios, que así demoléis las ciudades,
ultrajáis los templos y sepulcros,
el sagrado asilo de los muertos,
inevitable será vuestra ruina!
El mar vomitará cadáveres.

ATENEA Que brame el mar Egeo con furiosas olas y
que la tierra tiemble.
Que los mortales sientan la mano de los
dioses.
Así aprenderán a venerar mis santuarios y a
adorar a los dioses.

(*Apretón de manos.*)

Episodio Primero

Viento frío. Las afueras de la ciudad de Troya conquistada por los griegos. Junto a las murallas, las tiendas de las mujeres troyanas, las únicas supervivientes de la guerra.

HÉCUBA   La guerra.
La guerra.
La guerra ha despojado a Troya de su gloria y mi corazón es un campo de batalla. ¡Ah!, mi corazón… el corazón de Hécuba, reina, esposa de un rey y madre de príncipes, soy el eco de un hogar que fue grande y ahora apenas un susurro entre cenizas… he visto caer a mis hijos, una loba amamantadora fui y una perra rabiosa soy…
Alza tu cabeza, levántate, Hécuba, levántate, tienes que aguantar el cambio de fortuna, abrazar el destino, si no lo haces no podrás enderezar tu vida, si no, no podrás navegar contra olas tan funestas. ¡Ay de mí!, qué nuevas desgracias me quedan aún por llorar, ha desaparecido mi ciudad, muerto está mi esposo Príamo… Príamo…
Hécuba está sola, la gloria, la memoria de los antepasados ha desaparecido, ya no existe.

De qué sirve alumbrar hijos. De qué sirve engendrar para la muerte. Aquí estoy caída, derrumbada, solo me sostiene el duro suelo… mis rodillas, mi espalda, mi cuerpo entero eleva al cielo su lamento… ¡Levanta! Hécuba, levántate, escucha esa llama que aún arde en ti. ¡Resiste!

Las mujeres nos levantamos, somos la memoria de un pueblo que se niega a morir, somos sus canciones, nuestros hijos son sus hijos, somos sus fiestas, sus fábulas, sus danzas, sus leyendas, su ternura.

No seremos el espectro de esta historia, seguimos teniendo nuestra voz que se convertirá en el grito de las que han sido silenciadas.

Hécuba, ¡levántate! no permitas que la desesperación ahogue el legado de tus hijos y de tu reino.

(Humo entre las ruinas.)

¡Vosotras! Veloces naves que llegasteis desde Grecia a la bahía de Troya…

Desafiantes veníais buscando a la esposa de Menelao, buscando a Helena veníais.

Por ella Príamo, mi amado esposo fue degollado, por ella que vino siguiendo el rastro del oro. ¡Oro!… por ella que vino siguiendo a mi hijo, el más bello.

Ella nos hundió en esta miseria.

Y aquí estoy tirada, a la puerta de la tienda de Agamenón, vieja, esclava…

De mi palacio me han sacado de forma ignominiosa y lamentable, a mí que un día porté la corona.

Todo aquel que proclama su realeza, se siente poderoso dueño de un gran palacio, confía en la prosperidad y no teme la inconstancia de los dioses, que se mire ahora en mí, que te mire a ti, mi amada Troya. Mujeres... Troyanas... ¿Debo hablar? ¿Debo callar? ¿O entonar un canto fúnebre? ¡Vamos, mujeres troyanas que os escondéis llenas de incertidumbre y temor, desterrad vuestro miedo! ¡Gimamos, aullemos!, entonemos nuestro lamento por el resultado del infame sorteo... iniciemos el canto eterno de nuestro duelo, el mismo canto que en tiempos de gloria entonaba en honor de los dioses de Frigia apoyada en el cetro de Príamo golpeando con el batir de mis pies sobre este suelo sagrado.

(Las mujeres salen de las tiendas y se unen la danza de HÉCUBA.*)*

VOZ 1   Hécuba, nos unimos a tus lamentos que atraviesan dolientes las murallas, compartimos nuestras desgracias y las unimos a las tuyas.

VOZ 3   Yo estaba en casa con mi hijo, escuchamos los primeros fuegos, intenté cubrir a mi pequeño con mi cuerpo, pero no pude, el pánico me estalla en el pecho.

VOZ 2   A mí me ahoga la pena recordando la risa de mis hermanos... mi futuro nunca florecerá, ¡ay! ¿Qué será de nosotras?

VOZ 3   Aún recuerdo la noche en que se abrió aquel funesto caballo. Funesta Helena que causa la desgracia allá donde va.

VOZ 1   Hablemos, aquí, entre mujeres he encontrado mi voz, he encontrado mi fuerza en vosotras que escondéis en vuestra garganta el mismo lamento.

VOZ 4   Me violaron a mí y a otras muchas, abandonamos nuestro hogar a medianoche, se llevaron lo poco que teníamos. Estoy embarazada, por eso no me he tirado entre las llamas de lo que fue mi hogar.

VOZ 5   Nos llevarán a una tierra lejana, dormiremos en lechos enemigos. En quién vamos a confiar ahora si los dioses nos han abandonado.

VOZ 6   He visto cosas que ningún ser humano debería ver.

HÉCUBA   Intuyo aún mayores desgracias. ¿Dónde está Casandra? No dejéis que salga mi hija Casandra, está poseída por el furor de Baco. Un dolor sobre otro dolor me sobreviene... está loca... No la dejéis salir.

VOZ 5   Por última vez contemplo las tumbas de mis padres, vacíos quedan nuestros hogares. Reina Hécuba, al igual que tú lloramos. Los griegos nos llevarán a todas. ¡Todas seremos sus esclavas!

HÉCUBA   Y en qué lugar de la tierra viviré yo, una anciana desgastada, con dolor de huesos. Con el corazón herido de muerte por la pena. ¡Seré una sirvienta! ¡Una nodriza de los hijos de otras! Hécuba, la que fue reina de Troya, esposa de un rey, la que parió príncipes...

Todo lo he perdido, yo misma me he desvanecido en interiores susurros temerosos en lo que apenas me reconozco.

Ojala pudiéramos ir a la falda bellísima del monte Olimpo, de la que he oído decir que florece con abundante esplendor y estalla en lujuriosas cosechas.

Ojalá, poder ir a la tierra regada por el monte Cratis, de la que cuentan que sus divinos manantiales pintan el pelo de rojo.

Ojala pudiera soñar despierta con un valle de esperanza donde mi nieto, Astianacte, fuera haciéndose un hombre poco a poco. *(Arriban los barcos de los griegos.)*

La total destrucción de Troya se aproxima... el temor me aplasta... apenas puedo mantenerme en pie... mis piernas... no las siento, de plomo parecen. Y mi hija ¡Políxena! Dónde está Políxena.

(HÉCUBA se dobla.)

VOZ 1   ¡Arriba!

VOZ 2   ¡Levanta!

VOZ 1   ¡No te rindas!

VOZ 3
/VOZ 4   ¡Mantén tu antigua corona digna y erguida!

HÉCUBA   ¡Malditas guerras!

VOCES   ¡Malditas, malditas, malditas seáis!

HÉCUBA   ¡Mujeres, Troya está en llamas y me alivia
             compartir con vosotras este llanto que no
             cesa!

             (Aparece TALTIBIO, *heraldo de los griegos.)*

TALTIBIO   Soy Taltibio, embajador de los griegos, he-
             raldo de la paz, un mensajero que camina so-
             bre cenizas.
                No soy más que un portador de noticias y
             el ejecutor de una sentencia ordenada por
             otros.
                Cuando la ciudad cayó, las murallas se con-
             virtieron en una fosa de sueños marchitos.
                He visto cómo el fuego devora la esperan-
             za… Hécuba… Casandra… figuras que una
             vez brillaron con la luz del poder serán tan
             solo los ecos del pasado.
                Cada mensaje que traigo es un golpe, una
             herida que se abre en el alma de los que es-
             cuchan. ¡Soy un villano por traer la noticia!
             ¡O un héroe por enfrentar la realidad!
                En un mundo donde el honor se ha vuel-
             to polvo, la dignidad se ha desvanecido, seré
             recordado como el que trajo la noticia de la

caída o como el que, atrapado en la red de la historia, no pudo cambiar el destino. En este abismo de desolación, mi voz es una espada de doble filo. Hécuba, regreso como mensajero de los griegos. Traigo noticias poco agradables, ya habéis sido sorteadas entre los griegos, aquí traigo los resultados.

(Se acercan todas y hablan a la vez.)

VOZ 5   Y a qué ciudad iremos.

VOZ 1   Dónde nos llevan.

VOZ 2   Quién será nuestro dueño.

TALTIBIO   ¡Mujeres! Mantened la calma. Una a una, no podéis saber todas a la vez.

VOZ 1   ¡Alguna de las troyanas tendrá un destino afortunado!

VOZ 3   Apiádate de nosotras. No alargues más nuestra agonía.

TALTIBIO   ¡Aguardar en silencio! Todas iréis sabiendo.

(Cuelga unas listas en las tiendas con los resultados del sorteo.)

HÉCUBA   ¡Y mi hija, Casandra! A quién ha sido designada.

TALTIBIO La ha escogido para si un gran guerrero, el rey Agamenón.

HÉCUBA ¡No puede ser! ¡No! Ella eligió ser libre y virgen… Apolo la escogió, el mismo Apolo, el de dorada cabellera, la recompensó con una vida apartada del lecho nupcial, él la liberó de derramar su sangre en los partos.

TALTIBIO ¡Alégrate! Eros hirió a Agamenón con sus flechas, hierve de pasión por ella.

HÉCUBA ¡Pobre, hija mía! Rotas están las llaves del templo, mancillada la divina belleza, burlados sus ritos sagrados. Nada queda ya.

TALTIBIO ¡No es un honor para ella que, despreciada por todos, la fortuna la haya llevado al lecho de un rey!

HÉCUBA ¡Y qué hay de mi otra hija!, mi pequeña, la que os llevasteis de mi lado. Dónde está.

TALTIBIO Te refieres a Políxena.

HÉCUBA Políxena… al yugo de qué amo la ha sometido el sorteo.

TALTIBIO Custodia la tumba de Aquiles. A él sirve.

HÉCUBA La he parido yo para guardar una tumba. Pero qué ley es esa, qué odiosa costumbre de los griegos declara.

TALTIBIO	Considera feliz a tu hija, está en paz.
HÉCUBA	Qué quieres decir. Aún contempla la luz del sol.
TALTIBIO	Su destino es tal que ya ha quedado libre de penalidades.
HÉCUBA	Y qué hay de la viuda de mi hijo Héctor, de Andrómaca, ¿con quién habrá de irse?
TALTIBIO	La ha escogido para su lecho el hijo de Aquiles.
HÉCUBA	¡El hijo de Aquiles! ¡Pirro! ¿El joven guerrero que atravesó con su espada a mi esposo? ¿Con él habrá de engendrar hijos? Ay, la guerra no ha terminado, la guerra no ha hecho más que empezar. La paz solo es la antesala de otra guerra y otra guerra más. Y yo que pronto necesitaré el apoyo de un bastón para sostener mi cuerpo en ruinas, este cuerpo mío ya inútil para engendrar, ¿adónde me lleváis, a quién he de servir de ofrenda?
TALTIBIO	Serás esclava de Ulises, el rey de Ítaca.
HÉCUBA	¡Ah!, Hécuba, golpea tu rostro, arranca tus cabellos, sacude tu pecho, te ha tocado el peor lote. ¡Llorad por mi troyanas! Ulises, esa mala hierba, el peor de los hombres, ni justicia, ni ley conoce. ¡Esa bestia! Dónde quedan entre sus sangrientas garras la fraternidad, la

armonía, la concordia. ¡Infeliz de mí! Soy la más desgraciada de las mujeres.

TALTIBIO   No veo por aquí a Casandra. Hay que sacarla de aquí. Debo llevarla a la presencia del rey Agamenón. ¡El resto de las prisioneras! Estad atentas también. Tengo que entregaros a los nuevos dueños que os han correspondido. (*El fuego crece dentro de una tienda.*) Pero qué humo es ese. De dónde viene ese humo. Qué arde allí dentro. Estáis quemando lo que queda de vuestras casas. Preferís morir abrasadas, convertíos en cenizas antes que ir a la tierra de Argos.

HÉCUBA   Es mi hija Casandra. Miradla, inspirada por Baco viene ebria de pasión.

(*Irrumpe* CASANDRA, *ataviada para su boda disparando bengalas al cielo, creando sus propios fuegos nupciales.*)

CASANDRA   Soy Casandra, Hija de Hécuba, la voz que grita en el desierto, la profetisa condenada a la verdad y silenciada por el miedo. Los dioses me otorgaron visiones pero también el peso de la incredulidad.

Mis palabras se vuelven mudas, se pierden en el viento, nadie escucha al pájaro de mal agüero.

He visto caer a Troya, no escuchasteis mi voz cuando os advertía del peligro.

Con mis propias manos, con un hacha intenté en vano destruir ese caballo cargado de muerte.

Mis visiones son mis cadenas, mi verdad un grito en la noche.

Casandra soy, la profetisa sin crédito.

Cada advertencia que lanzo al aire, cada grito de alerta es un acto de resistencia, aquí estoy, mirando lo que otros no quieren ver.

Aunque volváis la cabeza, la llama de la verdad encontrará su camino.

(CASANDRA, *baila y canta, su movimiento es una mezcla de liberación y desesperación.* HÉCUBA *se arrodilla junto a ella.*)

¡Cautivas! Tropa mía, golpeaos el pecho con vuestras palmas, soltaos la melena, que vuelen vuestros cabellos con alegría, quitaos el vestido, atadlo bajo el pecho como el abrazo de un hombre enamorado, que vuestro cuerpo quede desnudo hasta el vientre y salten libres vuestros pezones.

¡Para qué matrimonio ocultarás tus pechos, pudor de cautiva!

Que vuestras manos queden libres.

Que vuestras manos sean soberanas para golpear vuestro cuerpo en un duelo sin tregua.

¡Madre! Agita tu pie, ordena a tu coro, seré tu ministra.

Que el eco que habita en las cavernas del monte repita los gemidos de Troya.

Vamos, troyanas, dad ritmo a los pies.

Bailad conmigo, cantad por Casandra, adelante muchachas, alabad al esposo que

sube conmigo a mi cama, que sube a mi
cama conmigo.

Por Troya golpeen los brazos vuestra diestra.
Por Troya golpead los hombros hasta
        hacerlos sangrar.
Por Troya sacudid la cabeza.
Que mane por Troya la sangre de la amante.
La abundante sangre que gotea de sus
        cicatrices.

(CASANDRA *se desploma.* HÉCUBA *se acerca a
ella.*)

HÉCUBA   ¡Hija mía! Hija de mis entrañas… oh, dios del
fuego, Hefesto divino que portas la antorcha
en las bodas felices por qué avivas ahora esta
llama dolorosa rompiendo mi corazón.

Casandra, mi hija tan amada, nunca pensé
que celebrarías tu matrimonio bajo la lanza
de los griegos… Dame la antorcha, hija, no la
sostienes con firmeza, tu fuego se convertirá
en incendio…

Dioses, desencarnados dioses… sombras
repentinas, espejismos del anhelo, ¿hasta
cuándo nuestra esperanza será vuestro juguete, nuestro destino el mapa caprichoso
de vuestro frenesí, de vuestra incontinen-
cia… de vuestra obscenidad?…

Hija mía, no encontrarás en la locura el sentido… ¡Vuelve a tus cabales, hija! ¡Casandra!

Agua, troyanas, agua, traed agua. ¡Agua!

(CASANDRA *poco a poco recobra la conciencia.*)

CASANDRA   Madre, que mi cabeza se ciña con una coro- na de gloria. Alégrate de mi unión con el gran caudillo de los griegos. Agamenón celebra- rá conmigo una boda más terrible que la de Helena. Voy a matarlo, madre. Destruiré su palacio en venganza por la muerte de mis hermanos y de mi padre. Incendiaré el alma de quien pretende desposarme, le daré muer- te. Y aunque el resto sea noche y caiga el cu- chillo sobre mi cuello y sobre el de muchos otros, arruinaré la casa de Atreo. Los troya- nos han vencido sobre los griegos, madre. Los soldados griegos yacen en tierra extran- jera, no fueron amortajados por las manos de sus mujeres, sus cadáveres son despojos, no hay para ellos ni flores, ni exequias ni can- tos fúnebres y sus hembras tendrán que ve- lar sepulcros deshabitados. Las almas de sus muertos sin sepultura vagarán por el mun- do subterráneo. Pero nosotros velamos a nuestros muertos, limpiamos el barro de su lucha, son abrazados y llorados por sus viu- das y por sus madres y sus hazañas serán re- cordadas. Madre, no sientas amargura ni por tu tierra ni por mi boda. Con ella destruiré a nuestros enemigos más odiados.

TALTIBIO   Si Apolo no te hubiera hecho perder el jui- cio, no quedarían sin castigo los insultos que lanzas contra mis generales. No estás en tus cabales, Casandra. Que el viento se lleve tus insultos y provocaciones a los griegos y tus elogios a los troyanos. Vamos, sígueme hasta las naves. «Encantadora esposa eres para un rey». Y tú, Hécuba, prepárate, Ulises vendrá a buscarte, te llevará a su patria y servirás a Penélope, su esposa, la que con sabiduría maneja los hilos del tiempo que tejen la espera.

CASANDRA   ¡No afirmes que mi madre marchará con Ulises! Aún resuenan en mí las palabras de Apolo. Hécuba morirá en su tierra, nunca saldrá de aquí. ¡Pobre Ulises! Desconoce los sufrimientos que le aguardan. Mil desgracias se alzarán ante su mente enajenada, pintarán de locura su ambición y será testigo del ocaso de una era. Diez años se sumarán a los diez que lleva aquí. Llegará solo a su patria.

La voraz Caribdis lo espera. El Cíclope, devorador de carne cruda. Circe que transforma a los hombres en cerdos. Comerá el loto, lo enloquecerán los mugidos feroces de las vacas sagradas del sol. Y se resecará su alma por los sucesivos naufragios. Entrará vivo en el Hades, beberá sangre y verá el cadáver de su madre. Esa será su leyenda. Esa será su odisea. (CASANDRA *se despoja de sus adornos sagrados como de un peso insoportable.*)

Oh, cintas y ornamentos sagrados, emblemas de Apolo que antaño fueron míos. Adiós para siempre, adiós amados dioses. Ménades, Sibilas, hermanas, voy hacia vosotras.

¡Dónde he de embarcar! Evohé. Soy la Erinia vengadora de esta tierra. Adiós, madre, adiós, padre muerto, adiós, hermanos. Llegaré triunfadora. Evohé. ¡Evohé! A la tierra de los muertos llegaré y destruiré las mansiones de los Atridas, las arrasaré con mi furor de virgen violada. ¡Madre, no llores! Me acogerá mi padre que habita en el Hades.

¡Evohe! y ¡Evohe! y ¡Evohe!

(*Danza en frenesí,* TALTIBIO *la agarra, se la lleva a la fuerza.* HÉCUBA *se desmaya, las mujeres se acercan, ella se resiste.*)

HÉCUBA   Dejadme, dejadme, troyanas, dejadme en el suelo. ¡Oh, dioses, perversos dioses, de nuevo os invoco! Cómo si no poder soportar tan cruel destino, sufrir tantas desdichas. Ningún impulso me asiste. Y aún así hablaré de mis días de felicidad, calentaré mis heridas con los bellos recuerdos y lloraré.

Lloraría lágrimas de carne. Lloraría mil vidas que tuviera por el noble pasado que no ha de volver.

Me casé con un rey, éramos reyes, concebí muchos hijos. Los más destacados, ninguna mujer, ni troyana, ni griega, ni bárbara, podría presumir de parir hijos así.

Ante la espada de los griegos vi cómo caía uno tras otro, gemí, aullé, me arranqué los cabellos antes sus tumbas.

Delante de mí degollaron a mi esposo, Príamo, vi como manaba la sangre desde su cuello hasta inundarle el pecho, su bravo pecho rebosante de valor.

A mis hijas, ah, mis hijas… me las arrancaron de los brazos… No volveremos a cantar juntas, ni a danzar ni a reír juntas, pájaros mudos son ahora, pájaros sin alas.

Y yo misma, anciana, seré llevada a Grecia como esclava, seré humillada, ultrajada, vestiré harapos, dormiré en el frío suelo junto a las bestias. Yo, que he sido reina, seré sirvienta. Esto es lo que me ha tocado en suerte.

Todo por Helena, la odiosa Helena, su desmedida codicia. A por ella venía el monstruoso caballo, el coloso, el regalo envenenado que se comió nuestros corazones, la indómita bestia que anegó los cielos con sus relinchos salvajes y en su vientre escondía los aparejos de la muerte…

Políxena, mi pequeña, ¿qué será de ti? Casandra, compañera de los dioses, ahora tu cuerpo mancillado. Todo mi legado se ha perdido y ya no me asiste el coraje.

¡Dejadme aquí tirada! Para qué voy a levantarme. Que nunca nadie llame feliz a ninguno, por afortunado que parezca, hasta que no yazga bajo la tierra.

(Queda postrada.)

Segundo Episodio

Aparece Andrómaca, *esposa de Héctor, lleva un niño de la mano,* Astianacte, *avanza entre el público, cargada con las pertenencias que ha podido rescatar entre las ruinas de su palacio.*

Andrómaca   En este instante el tiempo parece detenerse. Soy Andrómaca, Hija de Ectión, rey de Tebas, viuda de Héctor, el valiente príncipe de Troya y este es mi hijo, Astianacte, el heredero de la tierra que nos ha sido robada. La tragedia se cierne sobre nosotros, soy víctima de un destino tejido por los dioses y por los hombres que juegan con nuestra vida lanzando una moneda al aire.

Todos los hogares que han caído, todos han sido reducidos a cenizas por la violencia y la ambición de los hombres y el desamparo de los dioses. El peso de mis pensamientos se acumula, miro alrededor y todo se convierte en el espejo de mi angustia. La guerra es una máquina voraz, no distingue entre héroes y mártires, victorias o derrotas. En cada rincón se siente la presión de un futuro incierto, como una negra sombra que se cierne.

¿Cuántas hemos sido arrastradas por la vorágine de la guerra de los hombres, obligadas a dejar atrás nuestros sueños y moradas?

Los días se deslizan y la desesperación se convierte en una leal compañera… el exilio, el hambre, la muerte. Miro a mi hijo y aún quiero ver en él la esperanza de un nuevo futuro… un futuro que me parece cada vez más inalcanzable.

Son tan largas las noches, en la oscuridad se agolpan en mi pecho los recuerdos de mi amado Héctor y apenas puede respirar. Su risa, su fuerza, su determinación, todo lo que él representa se ha desvanecido, con él se ha ido una parte de mí. ¿Qué valor tiene la vida cuando la muerte acecha tan hambrienta? En medio de este duelo abrazo su memoria, es el fuego que caliente mi interior. Su espíritu me empuja a seguir adelante.

¡Escuchen! La tragedia de la guerra no es cosa de griegos antiguos, es un grito que resuena ahora y aquí, en cada rincón del mundo. ¿No lo oís?

(*Silencio aterrador. Sonido de oleaje rompiendo contra las rocas.*)

HÉCUBA   ¡Ay, patria desdichada! Qué sentido tiene ser un mero testigo de tanta devastación… Príamo, esposo mío, ven a buscarme, llévame al Hades contigo. No quiero vivir.

ANDRÓMACA   Hécuba, por qué gemís de ese modo.

HÉCUBA   Andrómaca, amada mía, se acabaron los días la felicidad, Troya será aniquilada. Escúchame,

Andrómaca, cuando el polvo y el eco de la guerra se posen, prométeme que le hablarás a mi nieto de amor, incluso en los momentos más oscuros. Hazlo por mi amado hijo, tu esposo, es la única esperanza. Astianacte, ven, abraza a tu abuela. (*La abraza.*) ¿Tienes hambre?

ASTIANACTE   No. ¡Tengo miedo, abuela… mi señora!

HÉCUBA   No tengas miedo, niño mío, tú serás un príncipe fuerte y valiente como lo fue tu padre. Tendrás que cuidar de tu madre. Anda, ve a jugar, pero no te alejes

(*El niño juega con una espada imaginaria.*)

ANDRÓMACA   ¡Ay! Si vinieras ahora, esposo mío, mi Héctor, mi príncipe, amor de mi vida. Si estuvieras aquí. Tú me diste la mayor felicidad, todo lo fuiste para mí, hasta que llegó la guerra no hubo nadie tan feliz como nosotros… ¡cómo te echo de menos!

HÉCUBA   Se amontonan nuestros dolores, también yo lo echo de menos, yo también invoco a mi amado hijo, a nosotras corresponde soportar estos sufrimientos.

(HÉCUBA *trata de calmarla,* ANDRÓMACA *la rechaza.*)

ANDRÓMACA   ¡No!, no ocultes mis lamentos con los tuyos, no ensordezcas con tus gemidos los de la ciudad entera que yace devastada. Tuya es la culpa por haber parido a tu infortunado hijo Paris. Dicen que cuando estaba en tu vientre soñaste que darías a luz una antorcha, la que incendiaría Troya, así ha sido por su funesta boda con la maldita Helena. Por todas partes yacen los cuerpos de los muertos, el yugo de la esclavitud nos amenaza a mí y a mi hijo nos llevan como botín de guerra, trofeos somos para los asesinos de nuestro pueblo.

HÉCUBA   Vuelca sobre mí tu desesperación, insúltame cuanto quieras, recogeré tu ira... más terrible aún será la fuerza «de lo que viene». Cuando los dioses se esfumen con el viento, lágrimas y más lágrimas... Solo olvidarán el dolor lo que hayan dejado de vivir. (*Suenan derrumbes, todo se llena de humo.*) Desdichada tierra, ah, cómo contemplar tu lamentable final. Mis lágrimas llevan todos los nombres del desamparo.

ANDRÓMACA   ¡Hécuba!, me llevan los griegos, me entregarán a mi nuevo dueño... asesino de tu esposo, hijo del asesino del mío, ¡estás enterada! Un carro me aguarda junto al escudo de bronce de Héctor y los expolios arrebatados a los troyanos, con ellos el hijo de Aquiles adornará los templos de su patria.

HÉCUBA   También se han llevado a Casandra, a la fuerza, por la fuerza... arrancada.

ANDRÓMACA   Aún has de pasar otros sufrimientos. No sé
con qué discurso hacer leve la desgracia.

HÉCUBA   ¡Habla! ¿Qué sabes? ¡Habla sin miedo!

ANDRÓMACA   Tu hija Políxena, ha sido degollada junto a
la tumba de Aquiles.
Su cuerpo es una fuente de sangre para dar
de beber a un cadáver.
Su cuerpo sirve de ofrenda a su tumba.

HÉCUBA   ¡Este es el misterioso enigma que me dejó
Taltibio con sus palabras!
¡Políxena!, mi pobre hija, la pequeña, la
más pequeña... ¡ah! ¡las desgraciadas se su-
ceden y se hincan cada vez más hondo!

ANDRÓMACA   Yo la vi y tapé su bello cadáver con mi manto.
En sus labios se dibujaba una sonrisa de paz.

HÉCUBA   ¡Hija mía! Qué sacrificio tan impío ha sido
el tuyo.
De qué manera tan indigna te has ido.
Ni siquiera he podido besar sus mejillas.

ANDRÓMACA   Sentí envidia al contemplar su rostro.
¡Quién fuera ella! Su muerte es un destino más feliz que el mío.
Aún sigo viva mientras Políxena ha sido al
fin liberada de todo sufrimiento.

HÉCUBA   ¡No! No digas eso, no es lo mismo estar viva
que muerta.

La muerte es solo un silencio, una nada sin sol, sin viento que acaricie tu rostro.

Aunque a veces me pregunte si tiene sentido, de la vida siempre, siempre, brota una promesa.

ANDRÓMACA   Políxena descansa en un silencio eterno, ajena a las desgracias que nos devoran.

Ella nunca ha experimentado la caída, se ha liberado del yugo de sufrimiento, pero quien ha conocido la felicidad y cae en la desdicha siente que su alma se rompe, sufre sin consuelo.

Tengo el alma desgarrada por la ausencia de Héctor. Yo que lo ambicionaba todo, lo he perdido todo, el hijo de Aquiles será mi perdición, me querrá poseer, como esposa, usurpar mi útero borrando la memoria de mi marido, depositario de mi lealtad.

No puedo olvidar a Héctor, mi hombre, no quiero olvidarlo, aún lo llevo abrazado a mi cintura, agarrado a mis pechos queriendo mamar de ellos como un pequeño niño más.

Si olvido a Héctor seré una traidora, si desprecio a mi nuevo esposo su odio caerá sobre mí como una maldición.

Estaré sentenciada haga lo que haga.

HÉCUBA   Ah, las mujeres, pérfidas somos si amamos, si no lo hacemos nos acusan de frígidas, deshonestas si somos infieles, si permanecemos fieles nos secuestran y nos convierten en criadas y de ingratas nos acusan cuando replicamos…

Pero... siempre estamos «al cuidado», atentas y... permanentemente esclavas de nuestros recuerdos.

Siempre seremos villanas, en cualquier escenario.

ANDRÓMACA   Hécuba, no crees que la muerte de Políxena, que tanto lamentas, es un refugio frente a tanta desgracia.

Ya no me queda la esperanza de hallar alegría en este mundo.

HÉCUBA   Has llegado al mismo abismo en el que yo me encuentro. Será el sufrimiento la única certeza que nos queda.

Nunca he subido a nave alguna, solo conozco el mar desde la orilla o por los relatos de otros, pero sé que cuando la tempestad golpea con toda la furia, los marineros se entregan a lo que no pueden vencer, ceden a la embestida de las olas.

Así me entrego yo, atrapada en esta tormenta maldita que los dioses han desatado.

Querida hija, olvida el recuerdo de Héctor, tus lágrimas caen inútilmente, no le devolverán a la vida.

Honra a tu nuevo esposo, a Aquiles, encuentra consuelo en ello... así podrás criar a tu hijo, a ese niño tuyo que es sangre del mío, así podrás salvar a Astianacte, mi amado nieto, para el bien de Troya, en él reside nuestro futuro, quizá un día regrese con sus propios hijos y Troya vuelva a resurgir de sus cenizas.

> Aquí está otra vez... el lacayo de los griegos. Ese pájaro de mal agüero.

(Entra TALTIBIO. *A* ANDRÓMACA.)

TALTIBIO   Andrómaca, esposa del valiente Héctor, no me maldigas por lo que vengo a decirte, es un mensaje de todos los griegos.

ANDRÓMACA   ¿Qué noticias traes?

TALTIBIO   Han decidido, cómo decírtelo... mi lengua y mi aliento se enredan... tu hijo...

ANDRÓMACA   ¿Acaso no tendrá el mismo dueño que yo? ¿Lo dejarán aquí como vestigio de su noble linaje?

TALTIBIO   No, no será así y no encuentro palabras...

ANDRÓMACA   ¿Van a dejarlo aquí con su venerada abuela, la que un día reinó sobre esta tierra ahora arrasada? (TALTIBIO *calla, como soldado y como hombre.*) ¡Habla! Alabaría tu delicadeza si no vinieras con terrorífico semblante. No dilates más la agonía. Habla con crudeza.

TALTIBIO   Con crudeza lo diré si así me lo pides. Van a matar a tu hijo, Astianacte ha de morir.

ANDRÓMACA   *(Intenta proteger a su hijo.)* ¡No! ¡Ay de mí, una y mil veces! Veo tus palabras frente a mis ojos enroscarse y danzar como serpientes. Quisiera herirte los ojos, morderte la boca para que nunca más pudieras proferir palabra alguna.

TALTIBIO No tiene escapatoria. La decisión de Ulises ha sido votada por todos los griegos, dánados, pelópidas, aqueos, todos sin excepción estuvieron de acuerdo. No se debe dejar con vida al hijo de un guerrero tan valiente, hay que evitar cualquier venganza de sangre.

ANDRÓMACA Ojalá la misma resolución pudiera aplicarse a vuestros propios hijos.

TALTIBIO Antes que caiga el sol hay que lanzarlo desde las torres de la muralla de Troya.
Andrómaca, sé valiente, no luches, no te opongas ni ejecutes nada indigno, sométete, no lances maldiciones contra los griegos, si dices algo que los enfurezca no habrá tumba para tu hijo.
Si aceptas en silencio tu destino, los griegos serán comprensivos contigo y el cadáver del niño no quedará insepulto.

ANDRÓMACA (*Estrecha a su hijo, le dirige el último adiós.*)
Hijo mío, te arrancan de los brazos de quien te dio la vida y tu padre, el que fue la salvación para tantos, no podrá venir del inframundo empuñando la espada
¡Maldita sea la hora en que un día llegué al palacio de Héctor! No parí a mi hijo como víctima de los griegos sino para que fuera soberano del Asia fecunda.

> ¡Hijo mío, a mi cuerpo te aferras como un pajarillo acurrucado bajo mis alas!

ASTIANACTE Mamá por qué lloras.

ANDRÓMACA ¿No te percatas de tu desgracia?

ASTIANACTE Mamá, yo no quiero morir.

ANDRÓMACA Ay, la alegre luz de mi vida arrebatada.
Desde lo alto caerás sobre tu delgado cuello.
Dejarás de latir, se quebrarán tu respiración y tus pequeños huesos.

(HÉCUBA *se acerca y le arrebata el niño, éste se suelta y vuelve a su madre.*)

ASTIANACTE ¡Mamá, mamá!, no dejes que me maten.

ANDRÓMACA Mi pequeño, deja que tu madre te abrace por última vez. Que por última vez aspire la dulce fragancia de tu aliento. Tu amor alimentaba mi vida. Por qué. Por qué. Por qué despeñáis a una criatura sin culpa.
¿Os vais, acaso, a repartir sus despojos?
¿Cómo no rebosa de pena vuestro pecho?
¡Vamos! ¡Llevaos al niño! Arañarlo. Romperlo. Despeñarlo. ¡Acabar con toda vida inocente!
¡Troyanas! Tapadme los ojos, arrojadme a las naves. ¡La tragedia está servida!

(Grita. Salen.)

TALTIBIO   Vamos, pequeño, no te sueltes de mi mano, no lo pongas más difícil, debemos garantizar la paz futura.

Cumple con tu deber, camina hacia lo alto de la muralla, allí exhalarás tu último suspiro.

(Salen TALTIBIO *y el niño que a gritos llama a su madre.)*

HÉCUBA   Allí, una, como un pájaro, llora por sus crías. Otra, allí, otra madre, otro animal dañado, entre los brazos sostiene al hijo como a un muñeco... por el olor debe llevar muerto varios días. Aquella que está allí tirada es aún más vieja que yo, no puede levantarse... Esas niñas, están desnudas, desnutridas. ¿Cuántos días han pasado desde que comieron por última vez?

Esos chicos, ¿por qué no están en la escuela? ¿Por qué nadie pasea?, ¿por qué nadie hace recados?

Han destruido el mercado, el gimnasio, han profanado los templos. ¿Dónde se han ido los hombres?...

Allí había un jardín y en el centro una fuente que siempre estaba llena de pájaros...

Se ven demasiados muertos. Demasiados muertos al descubierto... habrá que enterrarlos a todos, habrá que limpiar la calzada, los orines... las vísceras... levantar las columnas, retirar los escombros, disimular, tapar la sangre…

No se oye nada, solo un crepitar enfurecido, rebosante de rojas, de calientes intenciones. ¿Será la antesala del Hades?

Pobre perro, tiene el vientre abierto, ¿qué será de los animales?… Parece que quiere salir la aurora.

Tercer Episodio

MENELAO (*Desde la cima.*) El sol anuncia su llegada.

Hoy es el día en que vengo a recuperar a mi esposa Helena.

Soy Menelao, rey de Esparta, hermano de Agamenón, rey de Micenas, guerrero infatigable, leal a mis súbditos.

Yo aguardé en el interior del caballo de Troya para después hacer buen uso de mi espada.

Dulce para los amigos y amargo para los enemigos. Mi presencia es objeto de respeto para algunos y de temor para otros.

Vine a Troya para vengarme del ladrón que hospitalariamente acogí en mi casa y sedujo a Helena para huir con ella en un barco aprovechando mi ausencia por los funerales de mi abuelo.

Vine para escarmentar a Paris y con la ayuda de los dioses él ya cumplió su castigo, ante la lanza de los griegos yace muerto.

Aquí estoy ahora para llevarme a esa traidora a la que ya no quiero llamar esposa.

En esta playa se encuentra, prisionera en una tienda. Me la llevaré a Argos y la entregaré a la muerte, como ofrenda a los griegos que por su causa han perdido a tan valientes guerreros.

Cuando el viento sea favorable y el sol brille con fuerza, partiremos hacia Grecia.

HÉCUBA (*Aparte.*) Oh, Zeus, guardián de la tierra y morada de lo divino, sea cual sea tu esencia, insondable misterio, inexorable ley de la naturaleza, quimera de la mente, guía o necesidad que mana del corazón de los mortales. Yo te imploro.

A ti, que riges por sendas oscuras los designios humanos, no des la espalda a estas mujeres que han resistido todos los envites, no nos quedan fuerzas en esta hora funesta.

Oh, Zeus, todo en lo que un día creí se ha desvanecido cuan un viejo palacio. Lo que una vez me llenó de esperanza, enterrado está bajo la duda... promesas incumplidas... oraciones que han perdido su sentido...

No sé qué hacer, no sé qué pensar, no sé qué decir... y sin embargo aquí estoy parada frente al umbral de lo invisible, clamando al viento para que me ayude. ¿Es esto locura?

Oh, dioses, si aún hay algo detrás de este vasto eclipse, mostradme alguna señal que me guíe en esta noche sin fin, que me una a algo más grande, que me ayude a sostener mi dolor...

Que mis gritos no se pierdan en la nada... aquí estoy con el corazón abierto, dispuesta a escuchar... lo que el silencio tenga que decirme... aquí estoy... tambaleante, pidiendo ayuda a lo que no puedo ver, a lo que no puedo tocar.

(*Se acerca* MENELAO.)

MENELAO ¿Qué es esto? ¿Invocas a Zeus buscando consuelo en la eternidad, Hécuba? Qué extrañas plegarias diriges a los dioses.

HÉCUBA ¡Yo te saludo, Menelao! Y te respeto también, Menelao, si al fin has decidido llevar a Grecia a tu esposa y no matarla aquí con tus propias manos, aunque… no la mires, no vuelvas a mirarla Menelao, evita hacerlo, ella empuja a los hombres con sus ojos hechiceros a arrasar ciudades, convoca el fuego y la destrucción, bien la conozco, y tú, y cuantos han sufrido el poder de su seducción.

(*Sale* HELENA.)

HELENA Menelao, ¿por qué me sacan de la tienda a la fuerza y con tan rudos modales?

¿Acaso han tomado ya los griegos una decisión sobre mi vida?

MENELAO Todo el ejército, al que solías ofender, ha dejado tu vida en mis manos

HELENA Antes que nada, déjame decirte que tienes razones infundadas para odiarme, pero estoy convencida que, por el amor que nos profesamos, te darás la oportunidad de escuchar la verdad de mi boca.

¿Se me está permitido argumentar que si muero, moriré injustamente?

MENELAO   No he venido aquí para debatir sino para hacerte mi prisionera, para acabar contigo de una vez por todas.

HÉCUBA   Escúchala, Menelao, que no muera privada de la posibilidad de defenderse. Escúchala y dame a mi después la palabra, mis argumentos la condenarán a una muerte segura.

MENELAO   Por ti se lo permitiré anciana, que se entere bien, por ti y no por ella... Tu belleza y tu astucia han sido un veneno que nos arrastró a muchos a la perdición. La traición que has sembrado no se olvida fácilmente. ¿Acaso crees que tus palabras te salvarán? Habla cuanto quieras, mi decisión está tomada.

HELENA   Poderoso Menelao, con quien celebré felices nupcias. El destino se sella con un simple bocado, con el manjar de una manzana. No fui yo quien eligió a Paris, recuerda el concurso de las diosas, Atenea, Cipria, Hera, la ambición de las diosas que juegan con nuestros deseos y pasiones a capricho, me escogieron, alabaron mi belleza, fui la elegida.

MENELAO   ¿Acaso mi dolor es un juego para ti? El eco de tu traición resuena en cada rincón de mi ser y de mi pueblo, no seré un rey que cierre los ojos ante tal afrenta. La belleza es un arma de doble filo. ¿Qué puede ofrecerme la mujer que ha llevado a la ruina a tantos hombres y ha dejado detrás de si tal rastro de sangre? No me convencen ni conmueven tus razones, Helena.

HELENA   Menelao, la venganza no traerá la paz, más dolor, más sufrimiento nos espera con ella. Si me condenas sellarás tu ruina, tu propia fama quedará perjudicada, serás recordado, no como el rey que fue traicionado sino como el hombre que dejó que la ira nublara su juicio.

MENELAO   ¡Me deshonraste como hombre! Ninguna de tus palabras cambiará eso. La justicia debe ser servida y tú, que escapaste de Grecia, regresarás al lugar del que nunca debiste salir.

HELENA   Menelao, no te das cuenta? Si quitas la vida a la que fue y podría volver a ser tu esposa estarás matando la posibilidad de redención.

Mi muerte no traerá justicia ni aliviará el sufrimiento, mi ejecución solo perpetuará el ciclo de violencia y venganza dejando las heridas de la guerra aún más abiertas.

Las pasiones humanas a menudo están más allá de nuestra voluntad, son los dioses quienes guían nuestras acciones.

Menelao, valiente guerrero, no cebes con tu decisión nuestra propia tragedia.

Entre nosotros aún podría renacer la posibilidad de unión por inalcanzable que parezca.

HÉCUBA   Qué gran pérdida para el arte dramático que no se permita a las mujeres actuar en las comedias. ¿Redención? ¿Acaso perdón? ¿De qué hablas, mujer?

No sabes lo que dices.

La tragedia es inexorable, atroz, despiadada, como los propios dioses lejanos e intocables, como tú misma que no pensaste en el dolor que causabas.

La tragedia no se alimenta de perdón sino de sedimentos y sedimentos de rencor. La tragedia se nutre de la deuda contraída con los muertos.

MENELAO   Hécuba tiene razón. No busques tu refugio entre ilusiones, Helena, la decisión está tomada, tu vida será la ofrenda que apacigüe a los que han caído por tu culpa. Grecia te reclama, bajo su suelo hallarás tu fin.

HELENA   (A HÉCUBA.) ¡Ella! ¡Ella es la culpable!

HÉCUBA   ¿Me acusas? ¿A mí que por tu culpa todo lo he perdido? ¿Cómo te atreves?

HELENA   ¡Lo sabías, lo soñaste! ¿No te salían serpientes por el útero?

El nacimiento de Paris fue el origen de todas las desgracias. Paris nos perdió, a Troya y a mí.

(A MENELAO.) Ella y Príamo tienen la culpa por no matarlo cuando nació bajo el amargo disfraz de una antorcha. Ese fue el origen.

Después los propios deseos de Paris fueron acariciados en el certamen de las diosas, en el que él actuaba como juez. Atenea le ofreció la conquista de Grecia, Hera le prometió los confines de Europa y Asia y Afrodita le prometió mi persona si ella era la elegida.

¡Afrodita venció! Paris la eligió para obtenerme como recompensa. Grecia salió victoriosa, no fue sometida ni sojuzgados los griegos por lanza enemiga. Lo que fue una victoria para Grecia fue para mí una desgracia. Fue mi belleza, fui la moneda de cambio que liberó a los griegos y ahora no recibo más que insultos cuando deberías poner una corona sobre mi cabeza

Te preguntas por qué me escapé de tu palacio a escondidas... y tú, ¿qué clase de hombres eres? ¡Te marchaste a Creta y me dejaste a solas con mi raptor! ¿Qué derechos tienes a ponerme las manos encima?

¡No fue mi deseo! Fue Afrodita quien me lo impuso, castiga a Afrodita, ¡sé más poderoso que el propio Zeus!

Han sido los dioses quienes han dirigido mi vida. Si tu pérfida ambición es la de ser superior a ellos, bien necio y ridículo es lo que pretendes. Menelao, siempre he admirado tu inteligencia y tu noble corazón, reflexiona, no te dejes llevar por impulsos irracionales, los mismos que te llevaron a enfrentarte a Troya, los que solo dejan muerte y destrucción tras de si.

HÉCUBA   Eres pérfida y astuta, pero es tu elocuencia la que infunde aún más temor. Seré en este caso la aliada de las diosas, Menelao.

Si tal certamen se hubiera producido, ellas habrían acudido por jugar, presumir, adular, coquetear.

¿Acaso Hera querría un marido mejor que Zeus? ¿Atenea busca ahora esposo? No tenía noticia, ella, que suplicó a su padre permanecer virgen, ella que rehuyó siempre la servidumbre del matrimonio

¡No conviertas a las diosas en unas pobres imbéciles! Para los mortales siempre es Afrodita la culpable…

Mi hijo era un joven de excepcional belleza y nada más verlo quedaste embelesada, tu cuerpo se estremeció de deseo… lo viste ataviado con lujoso vestido extranjero, lo viste cubierto de oro… el ORO… te cegó.

Troya es rica en oro, como bien sabes, Menelao… y tu palacio en Esparta se le había quedado pequeño… Necesitaba un lugar más grande donde pasear su arrogancia.

La única senda que tú transitas es la ambición desmedida de lujo y fortuna, mi hijo no te raptó

¿Acaso alguien lo vio? ¿Qué puñal afilaste para escapar y poder regresar con tu anterior esposo al que tanto dices respetar?… Los únicos gritos que se escucharon en la noche fueron tus gemidos de placer.

Muy al contrario, Helena, fui yo la que muchas veces te animé a marchar. ¡Escápate,

Helena! ¡Pon fin a esta guerra! Yo misma me ofrecí a llevarte hasta las naves griegas.

Pero tu disfrutabas mostrándote altiva, paseándote por el palacio de Paris mientras veías a los troyanos arrodillarse a tu paso, eso era lo único importante para ti.

¡Mírate ahora!…

Su aspecto no luce como el de una prisionera, Menelao.

No están hechos jirones tus vestidos, no tienes la cabeza rapada como la de una escita… la de una esclava.

Aún comparece con aires de grandeza y pretende seducirnos mostrando su vulnerabilidad ante los dioses. ¡Habría que escupirte a la cara!

Menelao, premia a Grecia como se merece, ella es indigna de tu fama, de tu casa, de tus antepasados, apresúrate a darle muerte o tu nombre caerá en más desgracias.

MENELAO   Tu arrogancia, Helena, se atreve a desestimar mi dolor y lo vas a pagar.

HELENA   No pretendo resultar arrogante, es la verdad la que me asiste. Estás mal aconsejado, siempre tuviste un corazón puro, ahora recitas de memoria frases dictadas por otros. Solo fui el juguete de las diosas, créeme.

MENELAO   Aunque así fuera, ¿crees que puedes eludir la justicia insinuando un capricho divino?

HELENA   Los dioses también moldean la justicia a su antojo. Solo una razón puedes esgrimir en mi contra.

Una vez que Paris murió, debería haberme marchado y entregado a los griegos. ¡Quise hacerlo! ¡Mis testigos son los guardianes!

Pero Deifobo, el hermano de Paris, me forzó contra mi voluntad y me hizo su esposa. Soy de nuevo la víctima, no el verdugo.

¿Qué derecho tienes a castigarme con tu furia? A mí, que os he salvado entregando mi cuerpo en sacrificio.

MENELAO   Si pretendes ser tan solo una marioneta, además de haberme escarnecido públicamente, estás insultando mi inteligencia.

HELENA   ¿Acaso no ves que los dos somos víctimas de las intrigas de otros?

Regresemos juntos como vencedores, es hora de alcanzar la gloria.

MENELAO   Demasiado tarde, la gloria que debería haber sido nuestra se ha desvanecido y tú, con tu egoísmo, pusiste en peligro todo lo que construimos.

Tu voluntad no puede silenciar el clamor de lo que has traicionado.

No esperes que ceda a tus palabras.

No caeré rendido ante tus ojos hechiceros.

La justicia que reclamo será tu fin.

HELENA   Menelao, amado mío, si deseas castigarme, hazlo, pero encuentra un castigo que te haga más heroico.

Lo que sea, haré lo que me pidas sin poner objeciones, pero no me mates, por favor, no te lleves mi vida.

(Se arrodilla, suplica, le abraza los pies.)

MENELAO   ¡Levanta! No actúes como una plañidera, no va contigo. Vendrás a Argos, Helena, allí pagarás con tu muerte los sufrimientos que causaste a los griegos. La historia se escribirá con tu sangre.

HELENA   ¡No, Menelao! ¡No! ¡Te lo pido de rodillas! No me mates atribuyéndome una locura que los dioses me enviaron.

HÉCUBA   Menelao, no la escuches. Haz caso de estas canas que me otorgaron la sabiduría y el tiempo. Escucha mi ruego, acaba con ella aquí mismo o no lo harás nunca.

MENELAO   Levanta anciana Hécuba, te respeto, pero no me subestimes. Y tú, ponte en marcha hacia las naves, emprenderás tu último viaje.

HÉCUBA   ¡No permitas que ella embarque en tu misma nave!

Conseguirá seducirte. ¡Guardan siempre los amantes un resto de aquel fuego que en ellos ardía!

MENELAO   No temas Hécuba, estoy decidido.
           Grecia entera habla en mi nombre.

           (*Se alejan… se abrazan, se reconcilian de camino a las naves. Entra* TALTIBIO, *lleva en sus brazos el cadáver de* ASTIANACTE.)

TALTIBIO   Aquí te traigo a tu nieto, Hécuba, al pequeño Astianacte, el hijo de Héctor, un juguete roto en aras de un destino estéril, el niño ha sido despeñado.
           (*Temblor de tierra, la ciudad entera está a punto de desplomarse.*)
           Andrómaca ya ha partido, deshecha en lágrimas se detuvo frente a la tumba de su esposo. Nos pidió que diéramos sepultura al cuerpo de su hijo junto al escudo de bronce del que fue el terror de los aqueos, el escudo con el que Héctor protegía su pecho.
           No quiere ni caja de cedro ni cubierta de piedra, su voluntad es que adornes el cadáver del niño con su túnica, su corona y… con tu aliento.

HÉCUBA   Qué amenaza suponía este niño para la victoriosa Grecia. Maldigo al que teme sin motivo, maldigo la mezquindad de sus razones.
           Sí, Hécuba dará sepultura a este guiñapo, lo coronaré de besos y se lo entregaré a la tierra.
           Dulce boca que solía decirme cosas hermosas agarrado a mi vestido… Abuela, Señora… yo visitaré tu sepultura con muchos niños, entre todos te haremos compañía, y

contaremos historias que te complacerán. Sí, Hécuba dará sepultura a esta alma inocente, Hécuba tapará con vendas su cráneo abierto para que no podamos ver la carcajada atroz de la muerte.

Sí, lameré la sangre de tus manos y tu padre hará el resto, hijo mío, entre los muertos él cuidará de ti.

Troyanas tan amadas, mis amigas, asistidme.

Ciño tu pequeño cuerpo con la bordada túnica frigia que habrías llevado el día de tu boda y te entrego a la tierra con profunda amargura.

TALTIBIO   Cuando tengas amortajado el cadáver, yo cavaré una tumba y lo cubriremos de tierra. Después levaremos el ancla, al fin podré poner proa hacia mi amada patria.

Sepan todas que he ordenado incendiar la ciudad y que no habrá de estar ocioso el fuego en las manos de mis soldados.

¡Madres, hijas, troyanas!, cuando suenen las trompetas vayan hacia las naves de los griegos para alejaros de aquí.

(*En el centro de la tierra entierran el cadáver de* ASTIANACTE. *Las troyanas cargan sus pocas pertenencias y se adentran en el mar.*)

HÉCUBA   ¡Ay! desventurada, mi ciudad entregada a las llamas. ¡Levanta viejo cuerpo! ¡Arriba, cansadas piernas, arriba! Despídete de ella, despídete de Troya, ve a saludarla por última vez.

Dioses, dioses, ¿dónde estáis ahora?

¡Poderoso Zeus! Seres del aire, sin sangre que corra por vuestras venas, sin rubor en las mejillas ni calor en el corazón, sin manos amorosas que traigan consuelo en las noches de fiebre. Acaso estáis allá arriba entre las nubes. ¿Dónde? ¿Bajo qué esperanza guarecernos? ¿Dónde? ¿Dónde?

TALTIBIO   Tus males te hacen delirar, la que fue la gran ciudad de Troya está a punto de perecer. Troya dejará de existir.

HÉCUBA   Todo lo impío se ha consumado.

(HÉCUBA *se dirige hacia el fuego.*)

Éxodo

Barcaza de prisioneras a punto de partir.

Voz 1   Nuestra ciudad, nuestro templo, el corazón
de nuestras tradiciones y nuestras vidas…
ahora es todo tierra quemada.

Voz 2   Las canciones de nuestra alma, las noches
bajo el manto estrellado, las risas entrelaza-
das con la brisa… tierra quemada.

Voz 3   Ojalá fuera esto un mal sueño.
Ojalá solo fuera pasto de poetas ofreciendo
motivo de canto a los hombres venideros.

Fin.

¡Sssssshhhhhhhhhhh!

Haz del teatro algo íntimo

Llévalo siempre en el bolsillo

Cubierta y diseño editorial: Éride, Diseño Gráfico
Dirección editorial: ángel jiménez
Coordinador de la colección: Javier Llanos

Primera edición: junio, 2025

las troyanas
Eurípides
© Jesús Ricardo Martín Fernández
© VdB, 2025
Espronceda, 5
28003 Madrid

VdB

ISBN: 979-13-87644-28-4
Depósito Legal: M-13356-2025
Diseño y preimpresión: Éride, Diseño Gráfico

Este libro protege el entorno

las troyanas

Adaptación:
Jesús Ricardo Martín Fernández

Eurípides
(Flía o Salamina, ca. 484/480 a. C.-Pella, 406 a. C.)

Uno de los tres grandes poetas trágicos griegos de la antigüedad, junto con Esquilo y Sófocles. Fue alumno de Anaxágoras de Clazomene, Protágoras, Arquelao, Pródico y Diógenes de Apolonia. Odiaba la política y era amante del estudio, para lo que poseía su propia biblioteca privada, una de las más completas de toda Grecia. Durante un tiempo estuvo interesado por la pintura, coincidiendo con el apogeo del pintor Polignoto en Atenas. Tuvo dos esposas, llamadas Melito y Quérile. Fue amigo de Sócrates, el cual, según la tradición, sólo asistía al teatro cuando se representaban obras de Eurípides. En el 408 a. C., decepcionado por los acontecimientos de su patria, implicada en la interminable guerra del Peloponeso, Eurípides se retiró a la corte de Arquelao I de Macedonia, en Pela, donde murió dos años después.

Escribió 92 obras, conocidas por los títulos o por fragmentos, pero se conservan solo 19 de ellas (18 tragedias y el drama satírico *El Cíclope*). De una de estas, *Reso*, se discute aún si es apócrifa. De entre ellas, destcan *Medea* (431 a. C.); *Hécuba* (424 a. C.); *Las suplicantes* (423 a. C.); *Electra* (420 a. C.); *Las troyanas* (415 a. C.); *Orestes* (408 a. C.); *Las bacantes* (406 a. C.) o su obra póstuma *Ifigenia en Áulide* (406 a. C.).

EURÍPIDES

las troyanas

Adaptación:
Jesús Ricardo Martín Fernández

Esta obra fue presentada, junto con *Alejandro* y *Palamedes*,
en las Grandes Dionisias, en la 91.ª Olimpiada, en el año 415 a. C.
En el concurso, Eurípides obtuvo el segundo puesto.

La presente adaptación fue estrenada el lunes 6 de marzo de 2023
en el teatro Gustavo Freire de Lugo por la compañía
de Casa de Castilla la Mancha de La Coruña

**Jesús Ricardo
Martín Fernández**
(Cabañas de Sayago,
Zamora, 24-XI-1948.)

Filólogo y jubilado catedrático de Latín de Enseñanzas Medias, su vida profesional estuvo vinculada por igual a la Enseñanza y al Teatro Escolar.

Junto con Beatriz Martín González, fundó y dirigió el grupo de teatro *Sardiña*, especializado en teatro grecolatino, que tuvo una vigencia de treinta años (1982-2012.); con este grupo realizó más de seiscientas representaciones y tuvo en torno a los doscientos cuarenta mil espectadores directos; actuó en los principales teatros romanos de España (Segóbriga, Mérida, Itálica, Sagunto...) así como en otros teatros de primer nivel nacional (Arriaga -Bilbao-, Jovellanos -Gijón-, Ayala -Pamplona-...) y está considerado como uno de los grupos pioneros del teatro escolar, en Enseñanzas Medias, en España.

A lo largo de su vida profesional impartió y dirigió numerosos cursos siempre sobre la importancia del «teatro escolar», en especial el grecolatino.

Obtuvo numerosos premios a nivel local y autonómico, aunque destacan los tres premios nacionales de teatro grecolatino (2006-2007-2009.)

Durante los años 2016 y 2017, el Teatro Colón de La Coruña le encomendó la dirección del montaje de *Don Juan Tenorio*.

Es autor de numerosas adaptaciones de obras de teatro grecolatino para grupos escolares y aficionados. Destacan las versiones plautinas publicadas por Ediciones Clásicas de Madrid (*Asinaria*, *Anfitrión*, *Cásina*, *Gemelos* y *Miles Gloriosus*.) y las que, durante años, hasta 2020, le publicó la editorial KRK de Oviedo (*Bacantes*, *Euménides*, *Miles Gloriosus*, *Gemelos*, *Cásina*, *Edipo Rey*, *Troyanas*, *Medea*….), siendo considerado como uno de los mayores conocedores de la obra del comediógrafo latino T. M. Plauto.

Está en posesión del «Cardo de Plata» por su contribución teatral a «Hogueras de San Juan», de La Coruña, y en el año 2018 el Ministerio de Educación le concedió la Cruz de Alfonso X el Sabio.

En 2024 se le concedió el premio nacional Juan Mayorga «premio en pro del teatro amateur 2023».

Actualmente dirige «teatro de mayores» en la Casa de Castilla la Mancha de La Coruña.

Personajes

POSEIDÓN	dios del mar.
ATENEA	diosa.
HÉCUBA	reina de Troya y esposa de Príamo.
TALTIBIO	emisario de los griegos.
CASANDRA	hija de Príamo, con dotes de adivinación.
ANDRÓMACA	esposa de Héctor.
HELENA	esposa de Menelao y causante de la Guerra de Troya.
MENELAO	rey de Esparta.

CORO de mujeres troyanas.

Argumento

Al acabar la guerra de Troya, las troyanas supervivientes son sorteadas para servir como esclavas de los soldados griegos. A la cabeza de todas está precisamente Hécuba, esposa de Príamo, rey de Troya.

Prólogo

POSEIDÓN   Vengo tras dejar el salino fondo del mar Egeo; allí los coros de Nereidas trenzan en corro la huella preciosa de su pie. Desde que Apolo y yo fundamos Troya, nunca jamás he abandonado mi cariño por los troyanos. La ciudad ahora despide humo y acaba de perecer devastada por los griegos. Los griegos, tras fabricar, con la ayuda de Palas Atenea, un caballo repleto de hombres armados, lo dejaron en la playa y los troyanos lo metieron dentro de sus murallas; vacíos están ahora los bosques sagrados; y los templos de los dioses han sido destruidos. El propio rey Príamo ha muerto junto al templo de Zeus. Los griegos se han llevado a sus naves abundantes cantidades de oro de los troyanos; solo esperan viento favorable, pues, al cabo de diez años de guerra, ya arden en deseos de ver a sus esposas e hijos. También yo abandono Troya, ciudad ilustre en otro tiempo, y mis altares, pues cuando la destrucción se adueña de una ciudad, lo pagan los intereses de los dioses y nadie quiere rendirles culto. Solo se oyen los intensos gemidos de las prisioneras que los vencedores han sorteado. Unas han ido a parar a manos de los arcadios otras a Tesalia y otras aún a manos de los atenienses. Algunas troyanas permanecen

todavía en sus tiendas porque no han sido sorteadas sino elegidas por los jefes del ejército griego. Ahí tenéis a la pobre Hécuba, tirada ante las puertas de Troya en un mar de llanto por un mar de razones. Su hija Políxena ha sido sacrificada ante la tumba de Aquiles. Y a Casandra, a quien el soberano Apolo dejó virgen y entregada a la locura, la ha desposado a la fuerza y en secreto el propio Agamenón, transgrediendo así las normas del dios y de la piedad. (*Inicia el mutis.*) ¡Ciudad antaño próspera, adiós! ¡Adiós, ciudad de pulidas piedras! ¡De no haber sido por el odio de Atenea, hija de Zeus, aún estarías sobre tus cimientos!

ATENEA   (*Aparece, cordial, con su atuendo habitual.*) ¿Puedo saludar a mi querido tío, el soberano Poseidón? ¿O todavía sigue enfadado por viejas enemistades?

POSEIDÓN   (*Se hace el sorprendido.*) ¡Por supuesto, soberana Atenea! ¡El trato entre parientes es un bálsamo para el corazón!

ATENEA   Me alegro de que ya estés aplacado. (*En tono serio, medio titubeando.*) Te traigo un mensaje que quiero que estudiemos en común, soberano Poseidón.

POSEIDÓN   ¿Un mensaje...? ¿De Zeus o de algún otro dios?

ATENEA   De Zeus. Necesito que me ayudes a favor de Troya.

POSEIDÓN   (*Con mucha ironía.*) ¿¡Es que sientes compasión por Troya, ahora que está consumida por el fuego!?

ATENEA   Responde primero a mi pregunta: ¿estás dispuesto a colaborar conmigo?

POSEIDÓN   Antes quiero saber si has venido por los griegos o por los troyanos.

ATENEA   Quiero dar una alegría a los troyanos, aunque fueron mis antiguos enemigos, y conseguir un triste regreso al ejército griego.

POSEIDÓN   ¿Y por qué saltas de un sentimiento a otro? ¿Acaso odias lo mismo que amas al primero que te encuentras?

ATENEA   ¿No sabes que yo y mis templos hemos sido víctimas de un ultraje?

POSEIDÓN   Sí, lo sé; cuando Ayax sacó a Casandra fuera de tu templo, arrastrándola por la fuerza.

ATENEA   Y, sin embargo, los griegos no han sido castigados por ello.

POSEIDÓN   Al contrario; devastaron Troya gracias a tu apoyo.

ATENEA   ¡Pues ya es hora de castigarlos! Precisamente por eso necesito contar con tu ayuda.

POSEIDÓN Si es para castigar a los griegos, cuenta conmigo. ¿Qué piensas hacer?

ATENEA   Quiero darles un regreso lleno de calamidades.

POSEIDÓN ¿Mientras esperan en tierra o en el salino mar?

ATENEA   Cuando la flota griega parta rumbo a sus respectivas ciudades. También Zeus les enviará lluvia, granizo y vientos huracanados. Con el fuego de su rayo incendiará sus naves. Lo que depende de ti es esto: procura que el Egeo ruja con olas y remolinos enormes; llena de cadáveres las playas de Grecia; así, de ahora en adelante, los griegos aprenderán a venerar mis templos y a respetar a todos los dioses.

POSEIDÓN Así será; complacerte no es cosa de grandes discursos. Agitaré las profundidades del mar Egeo. Las escolleras de Grecia albergarán pronto los cadáveres de muchos griegos. Vuelve tranquila al Olimpo y espera a que la flota griega se aleje. (*Al mundo.*) Estúpido es el mortal que saquea ciudades; al dejar vacíos los templos no hace sino cavarse su propia tumba.

Párodos

CORO	*(De forma individual.)*
UNA	¡Hécuba!
OTRA	¡Arriba!
OTRA	¡Levanta!
OTRA	¡Levanta la cabeza!
OTRA	¡Endereza tu cuello!
TODAS	¡Esto ya no es Troya, ni eres ya su reina! Afronta el cambio de tus hados.
UNA	Navega siguiendo la corriente...,
OTRA	siguiendo el destino marcado...
OTRA	y no pongas la proa de tu vida....
TODAS	a las olas que te llevan .... por los mares del azar....
HÉCUBA	*(Se resiste a levantarse.)* ¡Hijas mías! ¿Qué lamento me falta por desgarrar? ¡He perdido la patria, los hijos y el esposo! ¡Ay, hijas

mías! ¡Tanto orgullo abatido! ¡Nada, nada
soy ya! ¡Solo me resta quedar como estoy,
tendida mi espalda en lechos de tierra!

CORO   (*Con gesto desgarrador y desafiante, en medio
de la escena.*)
¡Malditas proas de naves de griegos!
¡Con rápidos remos rumbo pusisteis
y al soplo del viento raudas salisteis
de todos los puertos de Grecia
y bien armadas a Troya llegasteis
a buscar a la pérfida Helena!
¡Y de vuelta os lleváis como esclavas
a todas las mujeres troyanas!
¡Malditas, malditas, malditas seáis!

HÉCUBA   (*Se levanta y recorre el* CORO *y abrazando ca-
riñosa a unas y otras.*) ¡Hijas mías! ¡Desven-
turadas esposas de los troyanos de lanzas
broncíneas! ¡Doncellas a quienes aguardan
bodas nefastas! ¡Ahora Troya está en llamas!
Me dirijo a vosotras, sola y sin poder apo-
yarme en el cetro de Príamo, como hacía
cuando él me guiaba y honraba a los dioses
troyanos.

ESTROFA 1ª

CORIFEO   ¿Por qué lloras y te lamentas así?
¿Por qué das esos profundos gemidos?

CORO   Vacíos quedaron ya los palacios,
todas nosotras estamos llorando;

y los griegos ya nos llevan a todas;
todas tendremos que ser sus esclavas
pues vencieron y ganaron la guerra.

HÉCUBA   Hijas mías, ¿se mueve ya la mano del reme-
ro sobre las naves de los griegos?

CORIFEO   Ya nos embarcan y nos llevan lejos de nuestra patria querida...

HÉCUBA   ...Será la total destrucción de Troya...

CORIFEO   Seremos sometidas a sufrimientos penosos; los
griegos ya preparan el retorno a sus casas...

ANTISTROFA 1ª

HÉCUBA   (*Con patetismo y suplicante ante el* CORO.)
¡A mi hija Casandra
que no me la lleven!
¡Mi hija Casandra,
poseída por Baco!...
¡Que no me la lleven!...
¡Ay, Troya,
Troya desgraciada!
Desgraciados también los que,
cobijados por ti, felices vivieron.

CORIFEO   ¿Querrán matarnos los griegos o quieren lle-
varnos con ellos y ser sus esclavas hasta el
día de la muerte?

HÉCUBA   ¡Hija mías, tened buen ánimo!

CORIFEO   El temor me dobla las piernas y apenas puedo estar en pie.

CORO   *(De forma individual.)*

UNA   ¿Pero ha llegado ya algún heraldo de los griegos?

OTRA   ¿Se sabe ya a quién hemos quedado sometidas como esclavas?

OTRA   A punto está ya de celebrarse el sorteo...

OTRA   ¿Quién de los griegos me llevará, desgraciada?

OTRA   ¿A qué tierra tendré que marchar lejos de Troya?

OTRA   ¿A quién me someteré como esclava?

HÉCUBA   ¿En qué lugar de la tierra viviré, yo, una pobre anciana? ¿Seré guardiana de puertas? ¿O nodriza de niños, yo que tuve honores de reina de Troya?

ESTROFA 2ª

OTRA   Ya no moveré mi lanzadera en los telares...

OTRA   Por última vez contemplo la tierra de mis padres...

OTRA   Por última vez...

OTRA   Y sufriré humillaciones mayores, unida a le-
              chos de griegos...

OTRA   Y tendré que ir por agua a la fuente...

OTRA   Al propio Menelao, destructor de Troya, ten-
              dré que servir...

ANTISTROFA 2ª

HÉCUBA   ¿Tendré que ir a la región del Peneo,
              a los pies mismos del precioso Olimpo?
              ¿Me llevarán a la tierra de Hefesto,
              que está situada al sur de Sicilia?
              ¿O iré hasta donde desemboca el Cratis
              el que tiñe su cabello de rubio?

              (*Aparece* TALTIBIO. *Las troyanas se arremoli-
              nan junto a* HÉCUBA.)

Primer Episodio

CORIFEO Pero aquí viene de nuevo Taltibio, heraldo de los griegos.

TALTIBIO *(Autoritario y arrogante.)* ¡Hécuba! Ya me conoces. Vengo de nuevo como heraldo de los griegos y en esta ocasión traigo noticias poco agradables

HÉCUBA *(Se derrumba.)* ¡Esto, esto es, queridas hijas, lo que desde hace tiempo temía!

TALTIBIO Ya habéis sido sorteadas, si es eso lo que estabais temiendo.

VARIAS ¿Y a qué ciudad vamos?

OTRAS ¿A Tesalia?

OTRAS ¿A Micenas?

TALTIBIO Habéis sido sorteadas una a una, no en bloque.

HÉCUBA ¿Y quién le ha tocado a quién? ¿Alguna de las troyanas tiene un destino afortunado?

TALTIBIO Poco a poco todas lo iréis sabiendo.

HÉCUBA   (*Se le ahoga la voz.*) Mi hija..., mi hija Casandra..., ¿a quién le ha correspondido?

TALTIBIO   La ha escogido para sí el soberano Agamenón.

HÉCUBA   (*Con tono de reproche.*) ¿¡A ella, la doncella de Apolo!? ¿¡A quien Apolo, de dorada cabellera, concedió como recompensa una vida apartada del lecho nupcial!?

TALTIBIO   Eros le metió con sus flechas la pasión por la doncella poseída por el dios.

HÉCUBA   ¡Hija mía, Casandra! ¡De qué poco te van a servir las llaves divinas y los sagrados adornos de guirnaldas!

TALTIBIO   ¿No es un gran honor para ella el que le toque en suerte acostarse con un rey?

HÉCUBA   ¿Y qué hay de la chiquilla que os llevasteis de mi lado? ¿Dónde la tenéis?

TALTIBIO   ¿Te refieres a Políxena?

HÉCUBA   Sí. ¿A qué yugo la ha sometido el sorteo?

TALTIBIO   Se le ha ordenado servir a la tumba de Aquiles.

HÉCUBA   ¡Pobre hija mía! ¡La he parido para esclava de una tumba! (*Se encara a* TALTIBIO.) Pero

¿qué ley es esa o qué costumbre de los griegos?

TALTIBIO   Considera feliz a tu hija; ya está bien.

HÉCUBA   (*Con dolor y reticencia.*) ¿Por qué has dicho eso así? Contempla la luz del sol, ¿verdad?

TALTIBIO   Tiene ya un destino tal que ya ha quedado libre de penalidades.

HÉCUBA   ¿Y qué hay de la esposa de Héctor, la desdichada Andrómaca? ¿A quién le ha tocado la suerte?

TALTIBIO   La ha escogido el hijo de Aquiles.

HÉCUBA   Y yo que ya necesito el apoyo de un bastón para mi cuerpo de anciana…, ¿de quién voy a ser sirvienta?

TALTIBIO   De Ulises, el soberano de Ítaca.

HÉCUBA   ¡Oh, oh!

(*Se desmaya; mientras algunas coreutas la sujetan...*)

CORO   ¡Araña tu cabeza, desdichada!
¡Desgarra con las uñas tus mejillas!
¡Pobre de ti! ¡No serás nuestra reina!
Te toca ser la esclava del más vil
y miserable enemigo de Troya,

              monstruo sin justicia y bestia sin ley,
              que todo lo trastoca y lo confunde,
              que hace blanco lo que antes era negro
              y enemigo lo que antes era amigo

HÉCUBA   ¡Ay, troyanas, llorad por mí, pues me ha tocado el peor lote!

CORIFEO   Tu suerte, señora, la conozco, pero la mía…, ¿quién de los griegos será mi dueño?

CORO   *(De forma individual.)*

UNA   ¿Y el mío?

OTRA   ¿Y el mío?

OTRA   ¿Y el mío?

OTRA   ¿Y el mío?

OTRA   ¿Y el mío?

OTRA   ¿Y el mío?

OTRA   ¿Y el mío?

OTRA   ¿Y el mío?

OTRA   ¿Y el mío?

TALTIBIO   *(Buscando entre las troyanas.)* No veo por aquí a Casandra. Debo ponerla en manos

de Agamenón. Tengo que llevarme también a las demás prisioneras para ser entregadas a sus respectivos dueños. *(Sale humo por debajo de las tiendas.)* ¿Pero qué humo es ese que aparece? ¿Estáis quemando lo que resta de vuestras casas? ¿Acaso queréis quemar vuestros cuerpos antes de partir? *(Al mundo.)* Ciertamente cualquier persona libre no soporta desgracias como esta. *(Grita al interior.)* ¡Abrid, abrid inmediatamente! ¡No vayáis a echarme a mí la culpa de vuestros incendios!

(CASANDRA irrumpe en escena ataviada para la boda.)

ESTROFA:

Eleva, ofrece, levanta la luz;
venera la antorcha, princesa Casandra;
alumbra el recinto, joven doncella.
Oh, Soberano Himeneo.
Oh, Soberano Himeneo.
Dichoso es el novio y dichosa la novia
que hacia Argos caminan, a lechos reales.
Que brille tu luz, ¡Hécate!, protege estas
[nupcias.
Oh, Soberano Himeneo.
Oh, Soberano Himeneo.
(Forzando a HÉCUBA a bailar.)
Madre, no llores, madre, no llores.
Fuera lamentos, fuera tristezas.
Lloras por mi padre muerto
y por tu patria querida;

yo, sin embargo; yo, sin embargo,
levanto esta llama, levanto este fuego,
alumbrando nuevas nupcias,
sábanas que acaban sucias.
Oh, Soberano Himeneo.
Oh, Soberano Himeneo.

(*La suelta y fuerza a Corifeo a bailar.*)

ANTISTROFA:

Agita tu pie, dirige tu coro.
dirígelo ahora, seré tu ministra.
(*La suelta y fuerza de nuevo a* HÉCUBA *a bailar.*)
Danza, madre, sonríe de nuevo.
Evohé!
(*Coge a las troyanas* ad libitum.)
Vamos, Troyanas, dad ritmo a los pies.
Rezad por la novia, saltad de alegría,
avante muchachas, cantadle al marido
que sube conmigo a mi cama.
que sube conmigo a mi cama.

(*Sigue bailando sola.*)

CORIFEO   Reina, ¿no vas a sujetar a la muchacha poseída?

HÉCUBA   (*Se arrodilla a su lado.*) ¡Hefesto sagrado!
Tú eres el portador de la antorcha en las bodas de los mortales, pero la luz que ahora brilla es triste y sin esperanza. (CASANDRA

cae semiánime, HÉCUBA *va hacia ella.*) ¡Hija mía! ¡Hija de mis entrañas! Jamás pensé que fueras a celebrar semejante boda, oficiada bajo lanzas griegas. Dame la antorcha, hija mía; no llevas derecha la llama. Ni en estos momentos tan duros eres capaz de recuperar el sentido. ¡Vuelve en tus cabales, Casandra! Traed antorchas, troyanas; replicad con lágrimas a sus cantos nupciales.

CASANDRA (*Va recobrando el sentido; se incorpora poco a poco.*) Madre, corona mi cabeza victoriosa, disfruta de mi boda con el rey Agamenón. Dime adiós y, si ves que vacilo, échame a la fuerza. Si Apolo existe, el soberano Agamenón, el ilustre caudillo de los griegos, va a celebrar conmigo una boda más nefasta que la boda de Helena... Voy a matarlo, madre; voy a destruir su palacio tomando cumplida venganza sobre mis hermanos y mi padre. El hacha se abatirá sobre mi cuello pero cortará el suyo también y destruiré las mansiones de Atreo. Los troyanos saldrán mejor parados que los griegos. (*Al mundo.*) Los griegos perdieron ya a millares de hombres por una sola mujer. Y su "*experto*" general ha sacrificado a sus hijos por ella, y eso que Helena vino voluntariamente y no como esclava de guerra. Los soldados griegos que murieron aquí yacen en tierra extranjera y no fueron amortajados por las manos de sus mujeres; pero los troyanos han muerto por su patria y esto les da un timbre de gloria. Sin lugar a dudas el hombre

sensato debe evitar la guerra, pero, si va a ella, debe morir con honor y dignidad... (*A HÉCUBA.*) Madre, no sientas compasión ni por tu tierra ni por mi boda, pues con ella destruiré a nuestros enemigos más odiados.

CORIFEO   Con placer te burlas de las desgracias de tu casa y cantas hechos que, quizá, nunca podrás probar como ciertos.

TALTIBIO   Si no fuera porque Apolo te ha hecho perder el juicio no quedarían sin castigo los insultos que haces contra mis generales. (*Al mundo.*) Por lo que parece los hombres venerables y sabios en nada superan a los que nada son. Ved lo que sucede aquí; el comandante en jefe de todos los ejércitos griegos, el hijo predilecto de Atreo, ha optado por el amor de esta ménade y yo que soy un hombre insignificante jamás habría aceptado compartir con ella mi cama. (*Se vuelve a* CASANDRA.) No estás en tus cabales, Casandra; al viento voy a entregar tus insultos a los griegos y tus elogios a los troyanos. Vamos, sígueme hasta las naves, «*hermosa novia para un general del ejército griego*». (*A* HÉCUBA, *mientras amaga hacer mutis.*) Y tú, prepárate. Ulises vendrá a buscarte para llevarte a su patria.

CASANDRA   ¡No afirmes que mi madre marchará con Ulises! ¡Ahí están las palabras de Apolo! ¡Él ha dicho que morirá sin salir de aquí! ...Pero

no voy a insultarte... ¡Pobre Ulises! ¡No sabe qué sufrimientos le esperan! ¡Como oro van a parecerle mis desgracias! Al cabo de diez años, sumados a los diez que lleva aquí, llegará solo a su patria...; le aguardan...: la terrible Caribdis..., el Cíclope, devorador de carne cruda.., Circe, que convierte a los hombres en cerdos..., y los naufragios del mar..., y entrará vivo en el Hades y... (*Vuelve en sí.*) ¿Pero a qué detallar los trabajos de Ulises? (*Agarra a* TALTIBIO *y lo fuerza a salir.*) ¡Vamos, rápido! ¡Celebremos la boda! (*Pero lo suelta y sale al centro de la escena; desafiante.*) ¡Caudillo de los griegos! ¡Eres malvado y recibirás sepultura malvada! (*Vuelve al trance; mientras se despoja de las ínfulas sagradas...*)
Oh cintas sagradas
de Apolo querido,
emblemas de Apolo
que antaño eran mías,
adiós para siempre,
que lleguen las brisas.
Evohé!
Ay, madre, no llores,
no llores, no llores;
Ay, patria querida
de nuestros hermanos
y el padre que muerto
habita ya el Hades,
Evohé!
Hasta allí llegaré triunfadora
y arrasaré las mansiones atridas.

(Vuelve a danzar en escena pero TALTIBIO *la agarra y se la lleva a la fuerza.)*

CORIFEO ¡Siervas de la anciana Hécuba! ¿No veis que vuestra señora está ahí sin poder hablar? ¿No vais a levantarla? ¿O vais a dejar, malvadas, a una anciana tirada en el suelo?

(Dos o tres troyanas van a levantarla; HÉCUBA *se resiste.)*

HÉCUBA ¡Dejadme que siga en el suelo, hijas mías! Aún me quedan desgracias que sufrir…, ¡oh dioses, perversos dioses a los que, sin embargo, invoco!… *(Al mundo, después de una pequeña pausa.)* Me casé con un rey y éramos reyes; concebí hijos de reyes, los más destacados de los troyanos. Ninguna mujer ni troyana, ni griega, ni bárbara podía presumir de haber parido hijos así. Pero a esos hijos los he visto morir a manos de los griegos y los lloré ante sus tumbas. Delante de mí degollaron a mi esposo Príamo. Y a mis hijas, a las que eduqué en la virginidad para honra de sus maridos, para otros las eduqué, pues me las han arrancado de mis brazos. Ni ellas volverán a verme ni yo las volveré a ver jamás. Y, ahora yo, que soy una anciana, seré llevada a Grecia como esclava. Tendré que ser la esclava portera de una casa o fabricar pan y tener por cama el frío suelo. Esto me ha tocado en suerte, y me va a seguir tocando

por la boda de una mujer. ¡Hija mía, Casandra, compañera de los dioses, de qué manera tan vergonzosa destruirán tu virginidad! ¡Y tú, desdichada Políxena, ¿qué es de ti, hija mía? !Ninguno de mis hijos o mis hijas, de los muchos que yo he parido, puede echarme una mano…! ¿Para qué voy a levantarme? ¿Por qué esperanzas? Nunca llaméis feliz a nadie, por afortunado que parezca, hasta que no haya muerto.

(De nuevo vuelve a quedar postrada en el suelo.)

Primer estásimo

ESTROFA

Entonemos un triste lamento por Troya;
que las musas infundan un rayo de luz,
que nos dejen llorar
y un canto entonar:
¡cómo he perecido!
Capturada por lanza de griegos,
bajo carros de ruedas de hierro,
un caballo dejaron
de bridas doradas
y muerte en las entrañas.
Y las huestes troyanas poniéndose en pie,
alegres saltaron, bien fuerte gritaron:
«los griegos se han ido, bajemos al mar,
subid esa imagen...».
Quien no fuera anciano a la playa bajó,
un himno cantaban tirando del potro:
«los griegos se han ido, que gran deshonor»,
pero el fin de Troya al trote llegó.

ANTISTROFA

Todas las gentes al puerto bajaron
para darle a la diosa la trampa de griegos,
tallada en madera del pino más noble,
noble como el miedo.
Con maromas de lino trenzado

el caballo hacia dentro llevaron,
lo pusieron en suelo
del templo sagrado
de Palas Atenea.
Una vez que la noche en Troya cayó,
alegres doncellas la flauta tocaron
y alegres doncellas bailaron también
e incluso hubo alguna…
Y en las casas los hombres cantaban al son
y no hubo en el mundo festivo más grande
y así fue llegando el día al final
y la paz del sueño a todos cubrió.

Epodo.
_____

Yo entonces cantaba en palacio
y rezaba a la virgen, la hija de Zeus,
pero un grito de miedo
la ciudad recorrió.
Muerte sobre Troya.
Los chiquillos llorando de horror se agarraban
a las madres que huían corriendo sin rumbo
pero Ares tenía
la trampa ya a punto.
Vino la matanza.
De rojo tiñeron sus camas y alcobas,
las doncellas sus sanos cabellos cortaron
y ofrecieron sus vidas
en cuerpo y en alma
a la madre Grecia.

(*Aparece* Andrómaca, *la esposa de Héctor, con
un niño en los brazos o un niño de la mano.*)

Segundo episodio

CORIFEO   ¡Hécuba! Aquí se acerca Andrómaca trayen-
            do de la mano a su querido Astianacte, ca-
            chorro de Héctor ¿También a ti te llevan a
            Grecia, mujer desventurada?

            (HÉCUBA *la ve y rompe en sollozos.*)

ANDRÓMACA   (*Aparte, a Corifeo, desolada en medio de la es-
            cena.*) Sí; me llevan los griegos, mis nuevos
            dueños…

HÉCUBA   ¡Ay, Zeus, Zeus!…

ANDRÓMACA   (*Aparte, a* HÉCUBA.) ¿Por qué gimes de esta
            forma?

HÉCUBA   …¡Oh, Zeus, Zeus!…

ANDRÓMACA   ¿Lloras por tu desgracia?…

HÉCUBA   (*Mueve la cabeza negativamente.*) …¡Oh,
            Zeus, Zeus!...

ANDRÓMACA   ¿Por la mía?…

HÉCUBA   Hija mía…,Troya ha desaparecido...

ANDRÓMACA   (*Se abraza.*) … ¡Paciente anciana!...

HÉCUBA ...Y la noble estirpe de mis hijos..., y el cruel destino... de la ciudad..., que humea...

ANDRÓMACA (*Se separa de* HÉCUBA.) ¡Ay si vinieras, esposo mío!... ¡Ay, Héctor, Héctor!... ¡Ay, cómo te echo de menos!...

HÉCUBA Estos son los sufrimientos que estamos padeciendo...

ANDRÓMACA (*Se encara a* HÉCUBA.) Por culpa de tu insensato hijo Paris; con su matrimonio arruinó los palacios de Troya. Por todas partes yacen los cuerpos de los muertos para comida de los buitres. El yugo de la esclavitud se ha hecho dueño de Troya. Ahora nos llevan como botín de guerra a mí y a mi hijo: de nobles pasamos a esclavos.

HÉCUBA Terrible es la fuerza del destino. No hace mucho se llevaron a Casandra, arrancada por la fuerza.

ANDRÓMACA Pero aún tienes que pasar otros sufrimientos peores.

HÉCUBA A una desgracia le sucede otra desgracia peor.

ANDRÓMACA Tu hija Políxena ha muerto degollada junto a la tumba de Aquiles, ofrenda para un cadáver sin vida.

HÉCUBA   ...(*Se derrumba.*) Este era el misterioso enigma que me dejó Taltibio con sus palabras...

ANDRÓMACA   Yo la vi y tapé su cadáver con mi manto.

HÉCUBA   (*Ajena a todo.*) ¡Hija mía, hija mía!... ¡Qué sacrificio tan impío ha sido el tuyo! ¡De qué manera tan indigna has perecido!

ANDRÓMACA   ¡Ya está muerta! ¿¡Qué importa cómo ha sido su muerte!? Sin embargo, ella es más afortunada que yo.

HÉCUBA   ¡No, hija, no! No es lo mismo estar viva que estar muerta. La muerte no es nada. Con vida siempre hay esperanza.

ANDRÓMACA   Siempre es mejor morir de una vez que vivir entre desgracias; una vez que has muerto, ya no percibes dolor alguno. (*Al mundo.*) Quien ha sido feliz y cae en la desgracia ve cómo su alma se aleja de la felicidad. Pero Políxena ha muerto y ya no contempla la luz; ya no es consciente de sus desgracias. Yo, en cambio, que me propuse como objetivo tener una buena reputación, ahora he caído en desgracia. Cuanto puede encontrarse de honesto en una mujer, todo ello lo practiqué cuando estuve casada con Héctor. Sabía cuándo tenía yo la última palabra y cuándo la tenía él. Esta información llegó al campamento de los griegos y ha sido mi perdición, pues nada más ser capturada, el hijo de Aquiles quiso

tomarme por esposa; así que voy a servir como esclava en las mansiones de nuestros verdugos. Sé que, si olvido la imagen de Héctor y abro mi corazón a otro esposo, resultaré pérfida a los ojos del muerto; pero, si desprecio a mi nuevo marido, su odio caerá sobre mí. Dicen que una noche basta para quitar los prejuicios hacia un hombre pero yo escupo sobre la mujer que rechaza a su primer marido y ama a otro en un lecho nuevo. (*Oracular.*) A ti, Héctor querido, te amaba y me bastaban tu valor, tu linaje y riqueza. Y tú fuiste el primero en unirte a mi lecho de virgen. Pero ahora has muerto y yo tengo que navegar prisionera con destino a Grecia, uncida a un yugo de esclava. (*A HÉCUBA.*) ¿No te parece, Hécuba, que la muerte de Políxena, que tanto lamentas, es mucho mejor que mis desgracias? Ni siquiera me queda ya la esperanza de tener alguna alegría.

CORIFEO   Has llegado al mismo punto de infortunio en el que yo estoy; al lamentar tu desgracia, me has hecho ver los sufrimientos que yo tendré que afrontar.

HÉCUBA   Nunca me he subido a un barco pero sé que, si una tempestad se abate sobre el mar, los marineros ceden al destino y se quedan expuestos al movimiento de las olas. De igual modo yo me abandono al destino pues me derrota una tormenta maldita que viene de los dioses. Olvida el recuerdo de Héctor, hija

querida. Tus lágrimas ya no lo salvarán. Honra a tu nuevo marido. Así darás consuelo a los tuyos y, al menos, podrás criar a este hijo de mi hijo para el bien de Troya. Algún día, quizá, volverá con sus hijos y quién sabe si Troya será grande otra vez…

(*Entra de nuevo* TALTIBIO. *Aunque firme y decidido ya no tan arrogante y autoritario como la primera vez. Se dirige directamente a* ANDRÓMACA.)

TALTIBIO   Andrómaca, tú que fuiste la esposa de Héctor, general de los troyanos, no me odies por lo que vengo a decirte; es un mensaje de todos los griegos.

ANDRÓMACA   ¿De qué se trata?

TALTIBIO   Han decidido que este niño…, no sé cómo darte la noticia…

ANDRÓMACA   ¿Es que no va a tener el mismo dueño que yo?

TALTIBIO   … Ninguno de los griegos será jamás su dueño…

ANDRÓMACA   (*Exultate de alegría.*) ¿Van a dejarlo aquí, como resto de la sangre troyana?

TALTIBIO   (*Titubeante.*) … No tengo palabras para decirte.…

ANDRÓMACA   (*Reacciona brusca.*) ¡Alabaría tus escrúpulos si no fueras a darme una mala noticia!

TALTIBIO   … Van a matar a tu hijo…. (*Grito de dolor de todas las mujeres presentes.*) ¡La opinión de Ulises ha prevalecido sobre todos los griegos! (ANDRÓMACA *hace amago de cobijar y esconder a su hijo.*) Dijo que no hay que dejar crecer al hijo de un valiente guerrero…

ANDRÓMACA   ¡Ojalá caiga un día esa maldición sobre sus propios hijos!

TALTIBIO   …Hay que precipitarlo desde las torres de Troya… ¡Así ha de ser! Sé prudente; afronta con orgullo tus desgracias y no pienses resistir ni oponerte siendo una débil mujer como eres; no tendrás quien te defienda. Mira a tu alrededor: tu esposo ha muerto y tu ciudad ha desaparecido. Tú no eres más que una esclava y los griegos somos bien capaces de hacer frente a una sola mujer. No luches; no te opongas ni ejecutes nada indigno; ni siquiera lances maldiciones contra los griegos… Si dices algo que enfade a los griegos, el niño no tendrá ni funerales…, ni siquiera tumba. Si aceptas en silencio tu destino, no dejarás insepulto el cadáver de tu hijo y los griegos serán más comprensivos contigo.

(*Breve silencio.*)

ANDRÓMACA (*Estrecha a su hijo y, llena de patetismo le dirige las palabras del último adiós, mientras el* CORO, *de fondo, susurra un lamento fúnebre.*) ¡Hijo mío! ¡Cariño mío! ¡Vas a morir! ¡Vas a dejar a tu desconsolada madre! ¡Te va a matar la nobleza de tu padre, hijo mío! ¡Él, que fue la salvación para muchos, nada puede hacer ahora por ti! ¡Ya es tarde para que pueda salvarte, niño mío! (*Patetismo.*) ¡Maldita sea la hora en que un día llegué al palacio de Héctor! No pretendía parir a mi hijo como víctima de los griegos sino como soberano del Asia fecunda... ¡Hijo mío, hijo mío! ¡No vendrá Héctor empuñando su famosa lanza! ¡No saldrá del mundo de abajo para venir a salvarte! Desde lo alto caerás contra tu cuello; quebrarás tu respiración. Llévate, al menos el abrazo de tu madre querida. En vano te amamanté, hijo mío. ¡Tantas fatigas para nada!... ¡Oh, griegos, griegos, inventores de los mayores tormentos! ¿Por qué matáis a este niño que no tiene culpa de nada? ¡Helena! ¡Maldita! ¡Bastarda hija de Tindáreo! ¡Nunca fuiste hija de Zeus! ¡Afirmo que eres hija de muchos los padres! ¡A los cuatro vientos pregono que Zeus nunca te engendró! ¡Mal rayo te parta, Helena! ¡Con el hechizo de tus ojos has arruinado las ilustres llanuras de Troya! (*Se dirige con dignidad a* TALTIBIO *y entrega al niño.*) ¡Vamos, tomadlo, llevadlo, despeñadlo si es lo que habéis convenido! ¡Repartíos sus carnes! ¡A los dioses

imputo su muerte! (*A las coreutas.*) ¡Tapad mi cuerpo y arrojadme a las naves! ¡Qué puedo esperar después de haber visto perecer a mi hijo!

(*Las esclavas tapan a* ANDRÓMACA. TALTIBIO *es el primero que abandona la escena llevando en sus brazos a Astianacte. Lo sigue* ANDRÓMACA.)

CORIFEO   Pobre Troya; ¡cuántas víctimas se han producido por culpa de una sola mujer y de un maldito matrimonio!

Segundo estásimo

ESTROFA

De Salamina, criadora de abejas,
de Salamina viniste, oh rey Telamón,
que habitas la isla de olas ceñida,
que está recostada en rocas sagradas.
Allí Atenea la rama de olivo plantó,
corona celeste y ornato de Atenas;
viniste, viniste hasta Troya,
querías hacer hazañas famosas;
con el hijo de Alcmena viniste,
los mares surcaste y llegaste hasta Troya
y así destruir la famosa ciudad.

ANTISTROFA 1ª

De Grecia partió en primavera,
aturdido por la falta de potros
y surcó el mar en sus naves,
que amarró en las playas de Troya
y con su mano sacó de la nave
el arma certera
y con ella mató a Laomedonte.
Después derribó los sillares de Apolo
y con el aliento rojizo del fuego
las tierras de Troya asoló.
Con su lanza mortífera
en dos ocasiones,

en dos embestidas,
las murallas de Troya tiró.

ESTROFA 2ª

Tú, que con vasijas de oro te mueves
y sensual por el cielo caminas,
en vano llevas las copas de Zeus,
en vano suplicas por la ciudad de tu padre;
pues ya se consume y las llamas la abrasan;
resuenan muy fuerte los promontorios
                                    [marinos,
lo mismo que un pájaro que busca a sus crías.
Aquí por sus hijos,
allí por sus maridos,
allá por sus madres ancianas.
Ya no quedan tus baños,
ni las pistas de tierra en que tú practicabas.
Y tú, sin embargo, junto al trono de Zeus,
ves crecer la belleza serena de tu juventud
pero la lanza de griegos, saciada de muerte,
la estirpe troyana voraz destruyó.

ANTISTROFA 2ª

Amor, amor, que a los palacios troyanos
                                    [viniste
y te preocupaste por las hijas de Urano;
entonces tenías a Troya bien protegida
y Troya estaba ligada a los dioses.
No culparé de tales desgracias a Zeus;
pero la llegada del alba, grata a los hombres,
ha visto a su patria arrasada

y que el cariño de los dioses por Troya
para siempre perdido ha quedado.

(Aparece MENELAO, *furioso y decidido, acompañado de un grupo de soldados armados.)*

Tercer episodio

MENELAO (*Arrogante, se apodera de la acción.*) ¡Radiante resplandor del sol! Hoy es el día en el que voy a recuperar de nuevo a mi esposa Helena. Sin embargo, en contra de lo que todos piensan, no vine a Troya a buscar a una mujer sino para vengar al individuo que burló a quien lo hospedó en casa real y sacó de ella a mi esposa. Con la ayuda de los dioses Paris ha cumplido ya su castigo y ha sucumbido, igual que su tierra, ante la lanza griega. Ahora vengo aquí para llevarme a esa desgraciada –de buena gana ni siquiera le daría el nombre de esposa–. Todavía se encuentra en esa tienda y los griegos, que tantas penalidades pasaron por ella, me la dieron para que la matara o para conducirla de regreso a tierra griega. Y no quiero matarla en Troya sino llevármela a Grecia y entregarla allí a la muerte, como ofrenda a los griegos que murieron en Troya. (*A sus acompañantes.*) Pero, vamos: entrad en la tienda y traédmela aquí; arrastradla de su asesino cabello si es preciso. Tenemos que partir hacia Grecia.

HÉCUBA ¡Oh Zeus, soporte de la tierra y que sobre la tierra tienes tu sede! ¡Quienquiera que seas –necesidad de la naturaleza o mente de los

mortales–, a ti te imploro! ¡Aun por caminos silenciosos, llevas siempre los asuntos de los hombres de acuerdo con la justicia!

MENELAO ¿Qué pasa, Hécuba? ¿Qué clase de nuevas plegarias diriges a los dioses?

HÉCUBA Si vas a matar a tu esposa, te aplaudo, Menelao; pero rechaza su mirada; puede apoderarse de ti de nuevo el deseo; ella arrebata a los hombres con su mirada, destruye las ciudades y prende fuego a los hogares; tal es su poder seductor. Yo la conozco; tú y quienes la han sufrido.

HELENA (*Sale, esposada por los soldados, radiante, cínica y arrogante.*) ¿A qué viene este preámbulo, Menelao? ¿Por qué me empujan tus soldados? ¿Por qué me sacan de la tienda a la fuerza? Ya sé que cuento con tu odio pero déjame, al menos, una pregunta: ¿Qué decisión habéis tomado tú y los griegos respecto a mi vida?

MENELAO Todo el ejército, al que solías ofender, te entregó a mí para que te matara.

HELENA ¿Puedo, no obstante, replicar? ¿Puedo argumentar que, si muero, moriré injustamente?

MENELAO No he venido aquí para discutir contigo sino para matarte.

HÉCUBA

¡Escúchala, Menelao! ¡Que no muera privada de la posibilidad de defenderse! Pero déjame a mí también replicar a sus palabras. Todavía no conoces todas las desgracias de Troya. Cuando me escuches, mis argumentos la llevarán a una muerte segura.

MENELAO

No es momento de concesiones pero, bueno, si quiere hablar, que lo haga. Se lo permito por ti, que se entere bien; por ti, no por ella.

HELENA

Hablaré de todas formas, te parezca bien o mal; quizá no me contestes pensando que soy tu enemiga; pero voy a replicar a tus acusaciones. (*Señala a* HÉCUBA.) ¡Ella es la culpable! El nacimiento de Paris fue el origen de todas estas desgracias. Paris nos perdió a Troya y a mí. Él y el anciano que no lo mató cuando nació bajo el amargo disfraz de una antorcha. Paris actuó como juez en el certamen de las tres diosas. Palas le ofreció la conquista de Grecia. Hera ser dueño y señor de los confines de Europa y del Asia. Afrodita le prometió entregarme a él si era ella la elegida. Y Afrodita venció. (*A* MENELAO, *muy arrogante.*) Ahí lo tienes: Grecia obtuvo su primera victoria: ni fue sometida ni vosotros fuisteis sojuzgados por lanza enemiga. Pero lo que fue una victoria para Grecia fue una desgracia para mí. ¡Fui vendida por mi belleza! ¡Fui la moneda de cambio que liberó a los griegos! ¡Y ahora no recibo más que

insultos cuando deberíais ponerme una corona sobre mi cabeza! Te preguntarás por qué me escapé de tu palacio a escondidas. Pues bien: ¡no fue por mi gusto! ¡Fue la diosa Afrodita, quien me empujó a tal decisión! ¡Dale, si quieres, el nombre de Paris, tanto me da!... (*Despectiva y arrogante.*) Y tú, desastre de hombre, que te marchaste a Creta y me dejaste en palacio a solas con él... ¡Castiga tú mismo a la diosa! ¡Sé más poderoso que Zeus! ¡Él tiene dominio sobre todos los dioses pero es esclavo de Afrodita!... Solo una razón convincente podrías esgrimir contra mí. Una vez que Paris murió, yo debería haberme marchado de casa y haberme entregado a los griegos. Me apresuré a hacerlo, y los guardianes son mis testigos, pero un nuevo esposo, Deífobo, me llevó por la fuerza y me guardaba en su casa. ¿Qué derecho tienes a ponerme encima tus manos? ¡Han sido los dioses quienes han dirigido mi vida! (*Muy arrogante.*) ¡Si tu pretensión es la de ser superior a los dioses ciertamente es una pretensión bien necia!

CORIFEO   Reina, defiende a tu patria, a tu marido y a tus hijos; rebate sus argumentos; es pérfida, pero habla francamente bien y eso es terrible.

HÉCUBA   (*Altanera y orgullosa.*) ...Que Hera y la virgen Atenea querían «entregar a Atenas al poder de unos bárbaros»... ¡Valiente estupidez! ¡Ellas fueron al Ida solo a presumir de

su belleza! ¡Solo estaban jugando! ¿Qué necesidad tenía Hera para presumir? ¿Acaso para encontrar un marido más poderoso que Zeus? ¿Y Atenea? ¿Acaso iba a la caza de dioses para hacerlos su marido?... ¿Ella, que solicitó a su padre la virginidad y rehuyó el matrimonio? ¡No intentes hacer de las diosas unas pobres imbéciles! ¡Por ahí no lograrás convencer a las personas sensatas!... «Que Afrodita acompañó a mi hijo al palacio de Menelao»... ¡Eso sí que tiene gracia!... ¡Lo que pasó es que mi hijo era de excepcional belleza! ¡Fue tu mente calenturienta la que lo convirtió en Afrodita nada más verlo!... ¡Lo viste ataviado con vestido extranjero! ¡Lo viste cubierto de oro y eso trastornó tu cabeza! ¡En Argos te las arreglabas con cuatro cosas pero albergabas la esperanza, si abandonabas Esparta, de anegar con tu derroche la ciudad de los troyanos, rica en oro! ¡Se te había quedado pequeño el palacio de Menelao y necesitabas encontrar un lugar donde pasear la arrogancia de todo tu lujo!... «Que mi hijo te raptó»... ¿Quién de los espartanos se dio cuenta? ¿Qué gritos diste? ¿A quién pediste socorro cuando llegaste a Troya? ¡Y todavía dices que quisiste escapar!... ¿Dónde te sorprendieron? ¿Cuándo te vieron afilando un puñal como habría hecho una mujer valiente que añora a su anterior esposo? ¡No, Helena, no! ¡Muy al contrario! ¡Fui yo la que tantas veces te animé a marcharte! ¡Me ofrecí a llevarte a las naves griegas! Pero eso

era muy duro para ti. ¡Presumías altiva por el palacio de Paris y disfrutabas viendo cómo los troyanos se arrodillaban a tu paso! ¡Eso sí que era importante! ¡Pero mírate ahora! ¡Si todavía sales de la tienda coqueteando y dándote aires de grandeza! ¡Habría que escupirte a la cara! ¡Mátala, Menelao! ¡Corona a Grecia como merece! Establece esta ley para las demás mujeres: ¡que muera la que traicione a su esposo!

CORIFEO   Castígala como merecen tus antepasados, Menelao. Aparta de tu cabeza el reproche de hombre débil. Vuelve a ser valiente como siempre lo fuiste.

MENELAO   Estoy de acuerdo con vosotras. Salió de nuestra casa por su propia voluntad con destino a una cama extranjera. Tendrás que venir hasta Argos, Helena. Allí pagarás con tu muerte los sufrimientos que causaste a los griegos.

HELENA   (Se arrodilla en plan suplicante.) ¡No, Menelao! ¡Te lo pido de rodillas! No me mates atribuyéndome una locura que los dioses me enviaron...

HÉCUBA   (También de rodillas pero con un tono casi amenazante.) ¡No traiciones a los aliados a los que ella mató!

MENELAO   ¡Basta, anciana! ¡No hay consideración con ella! ¡Llevadla a las naves, soldados!

HÉCUBA   ¡No permitas que embarque ella en la misma nave que tú!

MENELAO   Se hará lo que tú quieras. No embarcará en la misma nave que nosotros. Cuando llegue a Argos morirá como se merece y dejará bien claro a todas las mujeres que deben ser prudentes.

            (*Se retiran* MENELAO, HELENA *y el pequeño pelotón de soldados.*)

Segundo estásimo

ESTROFA 1ª

¡Zeus, soberano de todos los dioses!
El templo que había en medio de Troya
y el altar en que ardían las hostias sagradas,
se los has entregado a los griegos;
y la llama del pélano y el humo de mirra
que sube sagrado hasta el cielo;
y los valles del Ida, productores de hiedra,
regados por ríos de nieve,
y la tierra nodriza que al sol resplandece...

ANTISTROFA 1ª

Adiós para siempre a las aras,
y a las melodías solemnes de coros
y a las fiestas nocturnas de dioses
y a las estatuas de oro y madera
y a las doce lunas troyanas;
adiós para siempre.
Me importa, me importa saber
si eres consciente de ello,
Zeus soberano de todos los dioses,
en el cielo en tu trono ubicado,
y has visto las ruinas de Troya
y el fuego que a esta ciudad consumió.

Estrofa 2ª

¡Ay, esposo, esposo querido!
Marchito deambulas sin tumba y sin agua.
Un velero marino hasta Argos me lleva.
Chiquillos colgados al cuello materno
esperan que lleguen sus padres guerreros,
lloran y gritan y por sus padres preguntan;
sola me llevan los griegos por mar
a bordo de naves de color azulado
a golpe de remos de fuertes marinos;
me llevan a Grecia la tierra sagrada
me alejan de ti y de tu sepultura.

Antistrofa 2ª

Ojalá que al navío que a Argos me lleva
en medio del mar un rayo le caiga
y los remos le arranque el fuego brillante
pues de mi tierra sagrada me sacan;
atada me expulsan en llantos bañada;
pero a la hija de Zeus, en contraste,
le dejan que lleve en sus manos
espejos de oro y espejos de plata.
¡Ojalá que no llegue a tierra laconia,
que no suba a la cama de su hogar paternal!
Ni la reciba en su seno la diosa
que el templo custodia de puertas de bronce,
pues ha llenado de sangre la tierra de Grecia
y ha sido la causa de nuestras desgracias.

Corifeo   ¡Ay! Nuevas desgracias para esta tierra se su-
ceden sin cesar. ¡Tristes viudas de valientes

troyanos! Mirad; aquí traen a Astianacte muerto sus propios verdugos los griegos.

HÉCUBA   (*A los soldados que portan el cadáver.*) ¡Dejadlo en el suelo! ¡Dejadlo! (*Rompe a llorar delante del cadáver de su nieto.*) ¡Oh griegos,
griegos! ¡Vosotros que destacáis más en el
manejo de la lanza que en el uso de la razón! ¿Qué miedo le teníais a este niño para

Éxodo

TALTIBIO   (*Aparece, circunspecto y un tanto compungi-
do; lo siguen los soldados llevando el cadáver
de Astianacte sobre el escudo de Héctor.*) ¡Hécuba! Ya queda solo una nave en el puerto y
se dispone a zarpar. El resto de la flota lo ha
hecho ya; incluso Neoptólemo ha salido rumbo a Grecia; con él iba Andrómaca llorando
amargamente al abandonar su tierra. Me pidió que enterrara este cadáver del hijo de
Héctor que murió tras ser arrojado desde los
muros de Troya. También me pidió que fue-
se enterrado con este escudo, con el que se
cubrió su padre Héctor para defenderse de
los griegos. Que lo cubrieran con él en vez
de una caja de cedro. Y que te lo entregara
para que lo adormes con coronas. Lleva, pues,
a cabo lo que se te acaba de ordenar y cuanto antes. Yo voy a cavar su tumba para poder
poner enseguida la proa rumbo a mi patria.

(*Mutis de* TALTIBIO.)

¿cometer contra él una muerte tan cruel?
¿Qué, tal vez, el día de mañana hubiera puesto en pie a la Troya caída? ¡Qué absurdos me
parecéis y qué insignificantes! ¿¡Ahora que
la ciudad ha sido capturada y aniquilados los
troyanos tenéis miedo de un chiquillo!? (*Se
inclina y coge a* ASTIANACTE.) ¡Cariño mío,
niño de mi alma! ¡Qué muerte tan desgraciada has tenido! ¡Si hubieras muerto tras lo-
grar juventud, matrimonio y poder, como un
dios, habrías sido feliz de verdad! ¡Pero no
has llegado a verlo ni has disfrutado de nada
aunque tenías de todo en la casa! ¡Pobre niño
mío! ¡Han segado tu cabeza las murallas de
la patria, las torres obra de Apolo! ¡Eras tú
el destinado a darme sepultura cuando los
hados me llamarán! ¡Pero ahora no eres tú
quien me entierra a mí sino que soy yo, una
anciana sin ciudad y sin hijo, quien entierro
tu triste cadáver de niño! ¡¿Qué voy a escri-
bir en tu tumba?! «¿A este niño lo mataron
un día los griegos por temor?» Epitafio ver-
gonzoso para Grecia, sin duda. (*Se levanta y
se recompone; con dignidad.*) ¡Vamos! ¡Traed
algo para amortajar a este pobre cadáver!
(*Dos troyanas salen a buscar ropa para cubrir
al niño.*) Los dioses no nos dan ocasión de
embellecerlo, pero, al menos, tomad esto. (*Se
quita el velo con el que las troyanas tapan al
cadáver. Al mundo.*) Necio es el mortal que
se alegra creyendo que siempre le irán bien
las cosas. La suerte, al igual que un hombre
caprichoso, va dando saltos acá y allá y al

mismo hombre no siempre le van bien las mismas cosas.

CORIFEO (*Mientras regresan las troyanas con telas y una corona.*) Mira; ya traen estas mujeres lo que tienen a mano de los despojos de los troyanos para que amortajes el cadáver

HÉCUBA (*Mientras le pone la corona.*) La madre de tu padre te coloca esta corona, niño mío; no porque hayas vencido a los de tu edad en competiciones a caballo o en certámenes de arco, galardones que un día serían tuyos. La despreciada por los dioses, Helena, te los ha quitado y ha matado tu vida y ha arruinado por completo la casa de Troya

CORO ¡Zeus, soberano de todos los dioses! ¡No has protegido a nuestra ciudad! ¡Sola me dejas a merced de los griegos!

HÉCUBA (*Lo cubre con un peplo.*) Yo te cubro con este precioso peplo troyano que debería haber sostenido tu cuerpo el día de tu boda. (*Le pone el escudo encima.*) Y tú, querido escudo de Héctor, sé ahora su tumba. ¡Con él morirás sin morir!

(*Rompe a llorar.*)

CORO El amargo dolor de la abuela suplirá las caricias de su ausente madre.

HÉCUBA   Que la tierra reciba a este niño.
Gritemos gritos agudos al muerto
(*A los soldados.*) Marchad, enterrad el cadáver, pues ya tiene la mortaja que requieren
los muertos; pues a los muertos muy poco
les importa el que uno celebre pomposos funerales.

(*Los soldados se lo llevan. El* CORO *acompaña
en procesión.*)

CORO   ¡Cuántos honores tuviste!
¡De noble linaje naciste!
¡En ti estaba el futuro de Troya!
¡Sucumbiste a una muerte espantosa!

(*Humo de nuevo en Troya.*)

CORIFEO   ¡Eh, eh! ¿Qué manos son esas
que veo en las cumbres de Troya
que blanden antorchas ardientes?
¿Qué desgracia se abate de nuevo
que destruye lo que resta de Troya?

(*Reaparece* TALTIBIO *acompañado de soldados.*)

TALTIBIO   He dado órdenes de prender fuego para arrasar por completo la ciudad de Troya y de zarpar contentos para nuestra patria. Y vosotras,
hijas de los troyanos, obedeced a los soldados
y venid hasta el puerto para ser transportadas

lejos de vuestra tierra. Y tú anciana, sígueme. El sorteo ha querido que sirvas como esclava lejos de tu patria.

HÉCUBA   (Se incorpora dignamente.) ¡Tengo que salir
de mi patria mientras mi ciudad arde en llamas! (Mientras se dirige hacia la ciudad.) ¡Vamos, anciano pie, deprisa, aunque te cueste,
que voy a despedirme de esta ciudad desventurada. ¡Ay, Troya, Troya! Antaño respirabas
altanera entre los bárbaros. Ahora te incen-
dian y a nosotras nos sacan de nuestra tierra
como esclavas. ¡Ay, dioses, dioses! ¿Pero a
qué llamar a los dioses? Antes los invoqué y
no me escucharon. (Amaga suicidarse en el
fuego.) ¡Vamos! ¡Corramos al fuego! ¡Qué
hermoso es morir abrasada si conmigo se
quema mi patria!

TALTIBIO   (Se interpone y la agarra.) ¡Pobre mujer! En-
loqueces por causa de tus desgracias. (A los
soldados.) ¡Venga! ¡Traedlas! ¡No hagáis caso
de sus lamentos; hay que llevarlas a Grecia.

(Sale TALTIBIO. Los soldados empiezan a atar-
las y a sacarlas a todas.)

HÉCUBA   ¡Totoi totoi totoi! ¡Hijo de Cronos!
Soberano troyano, fundador de la estirpe,
¿has visto los males que ahora sufrimos?
¿Lo indignos que son del linaje troyano?

CORO   ¡Si los has visto! ¡Si los has visto!
Esta ciudad ya no existe;
ha perecido presa del fuego.

HÉCUBA   Se abrasan los techos de Príamo,
se abrasan sus muros,
se queman sus suelos.

CORO   La tierra, abatida por lanza,
por fuego abrasada perece
cual nube de humo que al cielo se eleva.

HÉCUBA   ¡Totoi, totoi, totoi! ¡Hijo de Cronos!
¡Ay, tierra de mis hijos nodriza!
¡Escuchad, hijos míos,
vuestra madre os invoca!

CORO   ¡Con triste lamento invocas ahora
a los que antes cruelmente murieron!

HÉCUBA   …¡Escuchad, hijas mías!
¡Contemplad a una vieja
que deja en el suelo
sus miembros de anciana
y con sus tristes manos la tierra golpea!

CORO   ¡Yo también me arrodillo
y a mis pobres maridos invoco
que me escuchen desde el mundo de abajo!

(Los soldados tiran de ellas, mientras las arras-
tran fuera.)

HÉCUBA   ¡Hijas, nos arrastran, nos llevan! …

CORO   ¡A tierra extranjera tenemos que ir!...

HÉCUBA   ¡Servir como esclavas de gentes extrañas!…

CORO   ¡Y nuestra patria querida tener que olvidar!..

HÉCUBA   ¡Ay, Príamo, Príamo, muerto y sin tumba, sin saber cual será mi triste destino!…

CORO   ¡Negra noche tus ojos cubrió de muerte piadosa!…

HÉCUBA   ¡Ay palacios de hombres y templos de dioses, llamas de muerte y puntas de lanza tenéis!

CORO   …¡Pronto caeréis en la tierra querida!...

HÉCUBA   ¡Nubes de humo y de polvo al cielo se elevan y no dejan ver nuestras casas!

CORO   ¡El nombre de Troya se pierde!
          ¡Para siempre se pierde esta tierra
          y a todas aguarda al destierro marchar
          y a gentes extrañas servir como esclavas!

          Telón.